북아메리카
남아메리카

유럽
아시아
아프리카
오세아니아

교과서 속 세계 문화 탐험 ③

가깝고도 먼 이웃 나라

일본

교과서 속 세계 문화 탐험 ❸

가깝고도 먼 이웃 나라 일본

1판 1쇄 발행 2024년 6월 15일

글쓴이 정우진
그린이 윤남선

편집 김민애
디자인 박영정

펴낸이 이경민
펴낸곳 ㈜동아엠앤비
출판등록 2014년 3월 28일(제25100-2014-000025호)
주소 (03972) 서울특별시 마포구 월드컵북로22길 21, 2층
홈페이지 www.dongamnb.com
전화 (편집) 02-392-6901 (마케팅) 02-392-6900
팩스 02-392-6902
전자우편 damnb0401@naver.com
SNS

ISBN 979-11-6363-847-6 74810
979-11-6363-524-6 (세트)

1. 책 가격은 뒤표지에 있습니다.
2. 잘못된 책은 구입한 곳에서 바꿔 드립니다.

도서출판 뭉치는 ㈜동아엠앤비의 어린이 출판 브랜드로, 아이들의 지식을 단단하게 만들어주고, 아이들의 창의력과 사고력을 키워주어 우리 자녀들이 융합형 창의 사고뭉치로 성장할 수 있도록 좋은 책을 만들겠습니다.

교과서 속 세계 문화 탐험 ③

글쓴이 정우진 그린이 윤남선

가깝고도 먼 이웃 나라 일본

뭉치 MoongChi Books

작가의 말

쌍둥이 남매 '사고, 뭉치'와 함께 일본으로 스릴 넘치는 탐험 여행을 떠나 보세요!

여러분은 일본에 대해 얼마나 알고 있나요? 우리나라와 역사적 인식의 차이로 갈등을 겪고 있기 때문에 '가깝고도 먼 나라'라고 불리는 일본. 제2차 세계 대전 이후 경제 대국으로 급성장한 일본은 전 세계의 문화를 발 빠르게 받아들인 나라이면서도 자국의 고유 문화를 잘 지키고 있는 나라이기도 해요. 특히 음악과 문학 분야에서는 세계적으로 인정받고 있고, 스시 같은 음식도 큰 사랑을 받고 있지요.

일본의 영토는 동아시아 동쪽에 3,000여 킬로미터 길이의 활 모양으로 걸쳐 있고, 우리나라 한반도의 약 1.7배 면적이라고 해요. 열도뿐만 아니라 주변의 섬들도 많이 포함하고 있어요. 일본 열도에는 몇 줄기의 화산맥(같은 계통의 화산들이 잇대어 있는 산맥)이 뻗어 있어서 지형의 기복이 매우 심해요. 지진 다발 지대이기 때문에 건물을 지을 때 내진 설계에 신경을 쓰기도 하고, 지진 대비 훈련도 평소에 지속적으로 하고 있답니다. 영토가 길게 뻗어 있어서 기후대도 다양한데요, 최북단의 홋카이도는 추운 편이고 최서 남단의 오키나와는 매우 더워요. 특히 오키나와는 중국과 한반도, 동남아시아와 지리적으로 가까워 고대부터 외래 문화의 영향을 많이 받은 지역이라고 해요.

이 책은 쌍둥이 남매인 사고와 뭉치가 요괴 고양이 코코와 함께 일본으로 떠나는 시간 여행 이야기랍니다. 사고와 뭉치는 이 여행을 통해 일본의 문화와 종교, 음식 등을 접하게 되고, 요괴와의 무시무시한 싸움과 모험을 통해 조금씩 성장해 나가는 모습도 보이지요.

자, 그럼 사고뭉치 남매와 함께 일본으로 문화 탐험 여행을 떠나 볼까요?

어린이를 위한 모험담을 쓰는 이야기꾼
정우진

차례

福

등장 인물

뭉치

쌍둥이 남매 중 오빠. 귀신과 요괴를 볼 수 있는 특별한 능력 때문에 예기치 않은 일에 휩쓸린다. 즉흥적으로 판단하고 행동부터 하는 급한 성격 때문에 사고가 끊이지 않는다. 게임을 좋아하고, 공부는 싫어하지만 눈치가 빨라 의외로 문제를 손쉽게 해결할 때가 많다.

사고

쌍둥이 남매 중 여동생. 무조건 의심부터 하는 아이. 책읽기를 좋아해서 아는 것은 많지만 정작 필요할 때 써먹지 못한다. 쌍둥이 오빠와 같이 다니면 '사고뭉치' 콤비가 되어 버려 난감할 때가 많다.

코코

위기가 닥친 고양이들의 섬을 탈출한 고양이 요괴. 두 개인 꼬리를 엇갈려 흔들면 공간 이동을 할 수 있는 능력이 있다.

설녀 요괴

요괴 세상의 최강 지배자. 설녀 요괴의 막강한 얼음 바람 공격은 순수한 헬퍼 요괴 삼총사 외에는 아무도 당해 내지 못한다.

갓파

물의 정령. 아이들과 장난치기를 좋아하고, 씨름을 잘한다.

모모타로

힘센 복숭아 소년. 수수경단을 먹으면 힘이 강해지는 요괴.

좌부동자

창고에 사는 집의 정령. 행운을 가져다주는 착한 요괴.

혼돈의 요괴 세상
멀고 먼 어느 곳에, 사람들에게 보이지 않는 요괴들의 세상이 있어.
동물 요괴들과 사물 요괴들은 만나기만 하면 싸워 댔지.
슈 슈 슈 슉
덤벼 봐! 누가 더 센지 가려 보자고!
콩
콩
콩
두두두
쿠릉
쿠릉
캭 캭
물건들 주제에 까불기는!
캬악

그때 막강한 힘을 가진 설녀 요괴가
나타났어.
으, 또 시작이군.
우당탕탕
다다다다닥
다들 가만두지 않겠다!
도망친 요괴들이 도착한 곳은 평화로운
고양이 요괴들의 섬이었어.
우르르르…
그만 좀
싸우라고!
휘이이잉
꽁꽁
이제 요괴들의 세상은 어떻게 되는 걸까?

1장

요괴 고양이 코코

요괴 만화책

"조심히 다녀오세요!"

'탁!'

나는 현관문이 닫히자마자 소리쳤어.

"이야! 일주일 동안 내 세상이다!"

부모님이 방금 일본 여행을 떠나셨거든. 신나서 콧노래까지 흥얼거리는 나를 여동생 사고가 한심하다는 듯이 쳐다봤어.

'치이, 자기도 속으론 좋으면서.'

"키룽키룽!"

응? 사고가 웃는 소린가?

쳇, 그럴 줄 알았어. 아무튼 내 동생은 못 말리는 새침데기라니까.

그런데 사고가 혀까지 끌끌 차면서 나한테 쏘아붙이는 거야.

"쯧쯧, 오빠! 아무리 신나도 그렇지, 그렇게 요상한 소리까지 낼 필요는 없잖아?"

"뭐? 내가?"

"키릉키릉!"

'딸랑!'

이번에는 방울 소리도 함께 들리지 뭐야. 현관문 쪽에서 말이야.

문을 열었더니 무언가 후다닥 달아나는 기척이 느껴지고, 바닥에는 책 한 권이 떨어져 있었어.

"어! 만화책이야!"

어느새 다가온 사고가 책장을 휘릭 넘기며 고개를 갸우뚱거렸어.

“요괴 이야기네! 그런데 제목이 없어.”

“오오! 요괴들이 엄청 싸워 대는데?”

“우와! 막강한 설녀가 모두 꽁꽁 얼려 놨어!”

사고와 나는 제목 없는 요괴 만화책을 함께 읽었어. 그런데 만화를 다 읽은 나는 뭔가 계속 께름칙한 느낌이 들었어.

그러다 내 눈길이 만화책 마지막 페이지 한 귀퉁이에 머물렀어. 거기 그려진 작은 고양이한테 눈을 뗄 수 없었거든. 모든 게 얼어붙은 섬에서 홀로 살아남은 동굴 속 고양이를 들여다보다가 드디어 깨달았어. 얼

마 전부터 우리 동네에 나타나 공원 근처를 떠돌고 있는 바로 그 길고양이가 틀림없었어.

나는 밤이 되기를 기다렸다가 몰래 집을 빠져나왔어. 사고가 알면 또 잔소리를 늘어놓을 테니까.

공원으로 간 나는 길고양이를 찾기 위해 수풀 속을 헤치고 다녔어.

'키릉키릉!'

찾았어! 만화책 속 그 고양이야!

"치사하게 오빠 혼자만 다니기야?"

"앗, 깜짝이야!"

놀라서 돌아보니까 사고가 내 바로 뒤에 떡 버티고 서 있는 거야. 도대체 언제 따라 나온 거지?

"아니, 늦은 시간이라 위험하기도 하고……."

사고는 얼버무리는 내 대답은 듣지도 않고 성큼성큼 고양이를 향해 다가갔어. 사고는 나랑 같이 있으면 '사고뭉치'라고 불린다며 투덜대면서도 내가 가는 덴 꼭 따라오지.

"나도 눈치챘다고. 얘가 만화책 속 요괴 고양이지? 뭉치 오빠, 요괴를 알아보는 능력은 여전한데?"

그때까지 우릴 지켜만 보고 있던 빨간 눈동자의 요괴 고양이가 드디어 입을 열었어.

코코와의 만남

“안녕? 사고, 뭉치! 너희들 소문을 듣고 찾아왔어.”

“반가워, 요괴 고양이! 그런데 우릴 찾아왔다고?”

내가 묻자 고양이가 고개를 끄덕였어.

“응. 내 이름은 코코야. 난 너희들의 도움이 꼭 필요해.”

요괴 고양이 코코가 들려준 이야기는 내 짐작대로였어. 요괴 만화책 속 이야기가 자신이 사는 요괴 세상에서 일어난 일이라는 거야.

“나는 운 좋게 겨우 빠져나왔지만 설녀의 얼음 바람 공격은 상상 이상으로 막강해.”

코코의 말에 금방이라도 울 것 같은 표정이 된 사고가 물었어.

“네 친구들은 모두 꽁꽁 얼어 버린 거야? 그럼 어떡해?”

“얼어 버린 친구들을 살려 낼 수 있는 방법이 딱 하나 있긴 해.”

“그래? 어떤 방법인데? 우리가 어떻게든 꼭 도울게.”

내 말에 코코가 눈을 반짝이며 말했어.

“지배자 설녀 요괴가 얼려 버린 걸 되돌릴 수 있는 능력은 전설의 헬퍼 요괴 삼총사만이 가지고 있어.”

“헬퍼 요괴 삼총사?”

“응. 착한 요괴인 갓파, 모모타로, 좌부동자 이렇게 세 요괴의 힘이 합쳐져야 한대.”

“그 요괴들은 지금 어디에 있는데?”

“일본 여기저기에 흩어져 있어. 그런데 세 요괴를 나 혼자서는 찾아낼 자신이 없어서 너희들에게 부탁하러 온 거야.”

나와 사고는 얼굴을 마주 보고 말했어.

“일본? 우리 부모님도 일본에 가셨는데.”

"여행 준비를 위해 공부하시는 걸 들어서 우리도 일본은 조금 알아."

"그래? 얼마나 아는데?"

코코의 미소를 보며 내가 먼저 아는 체를 했어.

"일본은 우리 이웃 나라잖아. 우리나라와 달리 왕도 있다고 하더라."

"일본하면 뭐니 뭐니 해도 스시! 우동! 라멘! 돈가스! 타코야키! 또……."

사고가 신이 났어. 아휴, 못 말려. 아무래도 사고는 지금 배가 고픈 모양이야.

일본의 문화유산 이야기

일본 천황

세계에는 아직도 왕이 존재하는 나라들이 있어요. 일본을 비롯해 스페인, 덴마크, 영국, 태국 등이 그렇지요. 일본에서는 왕을 '천황'이라고 해요. 천황은 원래 고대 중국에서 쓰던 말로, '만물을 지배하는 황제'라는 뜻이죠. 예로부터 일본 천황은 유럽의 왕들처럼 강력한 권력을 가졌다기보다는 일본 국민들을 하나로 묶어 주는 상징적인 존재이면서 중요한 시기에 결정적인 한마디가 큰 힘을 발휘하곤 한답니다.

"아, 그런데 얘들아. 첫 번째로 찾을 헬퍼 요괴 갓파는 현재에는 존재하지 않아. 나쁜 요괴들을 피해 과거로 숨었거든. 그래서 우리가 과거로 가서 찾아 데려와야 해."

"과거로 간다고?"

놀라운 코코의 말에 사고와 나는 앞다퉈 물었어.

"어떻게?"

"나만 따라오면 돼."

나는 신나는 모험이 또 시작될 것 같아 마음이 한껏 부풀었어. 사고도 나처럼 기대로 가득한 눈을 반짝반짝 빛냈지.

"시간이 별로 없어. 지금 바로 떠나는 거야. 자, 내 손을 잡아."

나와 사고는 코코와 손을 꼭 잡았어.

"준비 됐니?"

"응!"

우리가 큰 소리로 대답하자마자 코코가 코리를 위로 치켜들었어. 여태껏 눈치 못 챘는데, 코코의 기다란 꼬리는 두 개였어.

코코가 두 개의 꼬리를 엇갈려서 살랑살랑 부드럽게 흔들었어. 그러자 신비로운 방울 소리가 울려 퍼지기 시작했어.

'딸랑딸랑……!'

'구웅 우웅 구웅!'

방울 소리와 함께 주변 공기가 떨리는 것 같더니 갑자기 환한 빛이 번쩍 하고 비췄어.

"으으!"

"어어어!"

무슨 일이 일어나는 건지 너무 궁금했지만, 나는 눈이 너무 부셔서 어쩔 수 없이 눈을 감고 말았어.

일본 한눈에 알아보기

일본은 어떤 나라일까?

태평양에 위치한 일본은 아시아 대륙 쪽으로 활처럼 펼쳐진 섬나라예요. 혼슈, 홋카이도, 규슈 및 시코쿠 4개의 주요 섬과 많은 작은 섬들로 이루어져 있지요. 그리고 일본 면적의 3/4은 산지예요. 특히 혼슈에는 3,000미터 이상의 많은 산이 자리잡고 있어서 '일본의 지붕'이라고 불리기도 해요. 일본에서 가장 높은 산은 바로 '후지산'이에요. 높이가 무려 3,776미터나 되지요.

일본에는 북쪽 끝부터 남쪽 끝까지 7개의 화산 지대가 있어요. 총 110개의 활화산이 있다고 하니, 일본 사람들은 늘 화산 폭발의 위험성을 떠안고 살아가지요. 특히 지진으로 인한 고통을 받을 가능성이 가장 큰 나라가 바로 일본이랍니다.

일본의 자연 환경은 어떨까?

일본은 우리나라처럼 사계절이 뚜렷한 나라예요. 특히 봄철의 벚꽃은 일본에서는 봄의 상징이라고 해도 과언이 아니에요. 히메지성의 벚꽃은 매우 유명해서 우리나라에서도 봄철에 찾는 관광 명소이지요. 히메지성은 백로성이라고도 알려져 있으며 일본의 국보이자 세계 문화유산이기도 해요. 성 부지에는 1,000그루가 넘는 벚꽃나무가 심어져 있다고 하니, 관광객이 찾는 이유를 알겠죠?

일본은 세로로 긴 형태의 섬들로 이루어져 있기에 모든 섬이 온대 기후를 띠고 있는 건 아니에요. 멀리 떨어진 남서쪽에 위치한 오키나와의 섬들은 계절별로 온도 변화가 별로 없는 아열대 기후 지역이에요. 겨울에도 다른 지역보다 훨씬 온화해서 겨울철 관광지로 유명하답니다.

2장

헬퍼 요괴를 찾아라!

과거로 간 사고뭉치

정말 눈 깜짝할 사이였어.

웅웅거리던 떨림도 멈추고, 환한 빛도 사라진 같아서 나는 조심스럽게 눈을 떴어.

“우와! 벌써 도착한 거야?”

“그것도 과거의 일본으로?”

코코가 우리 질문에 고개를 끄덕이며 앞장서서 걷기 시작했어.

일본의 문화 이야기

일본의 연호

왕이 다스리는 나라는 왕의 이름과 통치한 햇수를 써서 그 해를 나타내곤 하는데, 이것을 ‘연호’라고 해요. ‘세종 7년’은 세종이 나라를 다스린 지 7년이 되는 해를 말하죠.

일본은 아직도 왕이 존재하기 때문에 연호를 사용하고 있어요. 예를 들어 2002년은 그 당시 천황 ‘헤이세이’가 다스리기 시작한 지 14년이 되는 해여서 ‘헤이세이 14년’이라고 일컫는답니다.

"응, 맞아. 지금은 일본 1800년대, 메이지 시대야."

"어! 나, 들어 봤어!"

코코의 뒤를 따라 걸음을 뗴는 사고의 목소리가 커졌어. 저 똑똑한 척은 참 한결같다니까.

"그래? 지금 일본을 다스리고 있는 천황의 이름을 따서 메이지 시대라고 불러."

"와! 어쨌든 100년 넘게 과거를 거슬러 온 거네! 신기하다!"

'스스슥!'

그때, 어디선가 바람을 가르는 소리가 들리고 시커먼 형체가 사고 옆을 날 듯이 스쳐 갔어.

"어어어!"

사고는 균형을 잃고 비틀대다 넘어져 엉덩방아를 찧었고, 그 시커먼 형체는 홀연히 사라지며 이렇게 말했어.

"스미마셍!"

"사고야, 괜찮아?"

코코가 묻자 사고는 앉은 채로 씩씩댔어. 나는 사고의 손을 잡아끌어 일으켜 주면서 말했어.

"안 다쳤지? 그래도 미안하다고 했으니까 너무 화내지 마."

내 말에 코코가 놀라며 물었어.

"오, 알아들은 거야?"

"그럼! 지금 사고가 나한테 해야 하는 말도 일본어도 뭔지 아는걸?"

일본의 문화 이야기

많이 쓰는 기본 일본 회화

아침 인사: 오하요 おはよう	점심 인사: 곤니치와 こんにちは
저녁 인사: 곤방와 こんばんは	안녕히 가세요: 사요나라 さようなら
죄송합니다: 고멘나사이 ごめんなさい	괜찮습니다: 다이조부데스 だいじょうぶです
고맙습니다: 아리가또 고자이마스 ありがとうございます	부탁드려요: 오네가이시마스 おねがいします

사고가 내 말뜻을 알아챘는지, 흙 묻은 엉덩이를 툭툭 털며 들릴 듯 말 듯한 목소리로 말했어.

"오빠, 아리가또!"

그러자 코코가 아까보다 더 놀란 표정으로 우리를 쳐다봤어.

"와, 너희들 일본어를 잘 아는구나."

"큭큭, 일본 만화 영화 덕분에 아주 조금 알아. 아마 오빠는 닌자 소년이 활약하는 만화 영화를 열 번도 넘게 봤을걸?"

"그렇구나. 그런데 이제부터 너희는 나와 함께 있으면 모든 일본어를 알아들을 수 있게 될 거야. 그건 그렇고, 방금 지나간 사람이 닌자였는데."

코코의 말에 나는 깜짝 놀랐어.

"정말? 아, 아쉽다! 가까이 볼 수 있었는데!"

하지만 난 이땐 몰랐어. 얼마 지나지 않아 이 닌자를 다시 만나게 되리란 걸 말이야.

"그러고 보니 여기 풍경이 전혀 낯설지 않네."

나는 길가에 늘어선 검은색 기와지붕에 나무로 지어진 집들이 만화 영화 속 풍경이랑 많이 닮아서 친근하게 느껴졌어. 그러다 문득 궁금해졌지.

"코코야! 그런데 이곳에 정말 헬퍼 요괴가 있어?"

"응. 첫 번째 헬퍼 요괴인 갓파 님이 틀림없이 여기 있을 거야."

"갓파는 어떤 요괴야?"

코코가 다시 앞장서서 걸으며 말했어.

"물의 정령인 갓파 님은 아이들을 좋아하고, 장난이 심해서……."

그때, 나는 뒤에서 누군가 따라오는 느낌이 들어서 걸음을 멈추고 고개를 획 돌렸어. 그러자 내 뒤에 있던 뭔가가 나랑 똑같이 뒤돌아보며 멈춰 서는 거야.

맨 앞에서 걷는 코코의 이야기는 계속 이어졌어.

"그래서 사람들 행동을 똑같이 따라 하곤 한다고 해."

나는 그 자리에 우뚝 선 채 말했어.

"코코야, 혹시 그 갓파가 머리에 접시 같은 걸 얹고 다녀?"

"응! 맞아. 그런데 그걸 어떻게……?"

코코가 고개를 돌려 내 뒤쪽을 보더니 깜짝 놀라 소리쳤어.

"어! 갓파 님!"

갓파와 진실의 연못

갓파라고 불린 초록빛 작은 요괴는 걸음을 멈추고 우리를 향해 빙글 몸을 돌렸어.

"응? 내 이름을 어떻게 알아?"

"저희는 갓파 님을 찾으러 미래에서 왔어요."

"미래에서? 나를? 왜?"

어리둥절해하는 갓파에게 코코가 사정을 설명하기 시작했어.

미래의 요괴 세상 요괴들이 하도 싸워 대서 지배자 설녀 요괴가 머리끝까지 화가 났다는 것, 달아나는 요괴들에게 얼음 바람을 쏘았는데 하필 요괴들이 도망친 곳이 고양이 요괴들의 섬이어서 애꿎은 코코의 친구들까지 모두 얼어 버렸다는 것을 말이야.

"헬퍼 요괴 삼총사만이 제 친구들을 구할 수 있어요."

갓파는 믿을 수 없다는 표정을 지었어.

"그러니까 그 셋 중 하나가 나라고? 말도 안 돼. 보다시피 내가 그런

능력 따위가 있을 리 없잖아. 너희도 다른 아이들처럼 거짓말쟁이구나."

고개를 젓는 갓파의 얼굴이 왠지 쓸쓸해 보였어. 나랑 같은 생각이 들었는지 그때까지 가만히 있던 사고가 황급히 대답했어.

"절대로 놀리는 게 아니에요. 진실이라고요."

하지만 갓파는 대꾸도 하지 않고 발길을 돌려 터벅터벅 걷기 시작했어. 마치 자기와는 아무 상관이 없다는 듯이 말이야.

"자신이 헬퍼 요괴라는 걸 왜 모르지?"

나는 갓파의 뒷모습을 보면서 코코에게 속삭였어. 실망한 코코도 고개를 숙이며 한숨을 쉬었어.

"후유, 모르겠어. 어쩐지 쉽게 찾았다 했더니."

"이제 어쩌지?"

사고의 말에 코코가 결심한 듯 다시 앞장서서 걸으며 말했어.

"어쩌긴. 무조건 따라가 봐야지."

"갓파가 기억을 되찾지 못하면 어떡해?"

"그런데 아까 갓파가 우리더러 다른 아이들처럼 거짓말쟁이라고 했지? 무슨 사연이 있는 게 아닐까?"

우리 셋은 걱정을 잔뜩 늘어놓으며 갓파 뒤를 졸졸 따라갔어. 그런데 갑자기 코코가 빠르게 달리며 소리쳤어.

"갓파 님이 사라졌어. 저기야!"

갓파가 사라진 곳은 막다른 길이었는데, 그곳에 뜬금없이 밀림처럼 커다란 나무 덩굴이 얽혀 있는 거야. 가만 보니 덩굴 한가운데에 한 사람이 겨우 빠져나갈 수 있을 정도의 틈이 있었어. 덩굴은 괴기스러워서 뭐랄까, 마치 살아 있는 것처럼 우리를 향해 입을 벌리고 있는 것 같았어.

"으으! 무, 무서워."

코코는 몸을 부르르 떨었고, 겁을 먹은 사고도 눈동자가 심하게 흔들렸어.

나는 눈을 질끈 감고 덩굴 틈에 얼굴을 집어넣고 나서 다시 눈을 떴어.

"오빠, 뭐, 뭐가 보여? 갓파가 있어?"

"안개가 너무 심해. 요상하게 생긴 바위들도 많고."

바위들 중 하나가 조금 꿈틀대는 것처럼 보였지만, 그게 정확히 뭔지는 몰랐어. 그런데 그 바위는 점점 초록색으로 변하더니 조금씩 내 쪽으로 다가왔어.

"어! 어!"

내가 뒤로 물러나자마자 덩굴 사이로 갓파가 얼굴을 쓰윽 내밀었어.

"으아앗!"

깜짝 놀란 우리는 동시에 소리쳤어.

"놀랐지? 놀랐지? 카캇캇!"

갓파가 익살스러운 표정을 지으며 놀려 댔어. 아무리 장난을 좋아한다고 해도 이건 좀……. 어! 나뭇가지 덩굴이 감쪽같이 사라졌어! 그리고 그 자리에 작은 연못이 나타났어.

"좋아! 속는 셈 치고 너희에게 기회를 줄게."

갓파는 개구쟁이 같은 표정을 짓더니 연못을 가리키며 말을 이었어.

"이건 진실을 보여 주는 연못이야. 고양이 너! 보고 싶은 장면을 말해 봐. 연못이 보여 줄 거야."

"물의 정령 갓파 님이 요괴 세상에서 전설로 내려오는 헬퍼 요괴라는 사실을 보여 주세요."

코코의 말이 떨어지자마자 연못 속 반짝이는 물결이 일렁이더니 그림을 그리듯이 형체를 만들기 시작했어. 회오리처럼 물보라를 휘감은 채 날아다니는 갓파의 모습 옆에 또 다른 요괴 둘이 나타났어. 갓파처럼 몸집이 작은 요괴들이었지. 곧이어 물결은 서로 얼싸안은 요괴들 모습을 새로 만들었는데, 셋은 무척 즐거워 보였어.

"헬퍼 요괴 삼총사예요. 이제 믿으시겠어요?"

코코의 말에 연못을 빤히 들여다보던 갓파가 심각한 표정을 지었어. 그렇게 한동안 잠자코 있던 갓파가 뭔가 생각난 듯이 소리쳤어.

“어! 모모타로랑 좌부동자! 맞아. 나는 헬퍼 요괴야!”

이제야 기억을 되찾은 갓파는 신이 나서 폴짝폴짝 뛰어다녔어.

“그런데 어쩌다 옛 기억을 잃은 거예요?”

코코가 묻자, 갓파의 얼굴이 다시 어두워지며 눈을 끔뻑거렸어.

“아주 오래전부터 아무도 나랑 노는 걸 좋아하지 않았어. 그래서 언제부턴가 지난 기억을 떠올리는 게 싫어졌어.”

우리는 모두 갓파에게 무슨 말을 해야 할지 몰랐어.

“아이들에게 내가 좋아하는 놀이를 하자고 한 것뿐인데 다들 날 피해 다녔어. 그렇게 대단한 걸 바란 게 아닌데 말이야. 난 그저…….”

“같이 해요!”

사고가 갑자기 큰 소리로 말했어. 오호, 내 동생 용감해!

“정말?”

“네! 그게 뭐든 저희가 놀아 드릴게요!”

기쁜 듯 껑충껑충 뛰어다니는 갓파를 보며 코코가 혼잣말처럼 하는 소리가 들렸어.

“윽, 큰일이다. 갓파 님은 스모를 좋아하는데.”

뭐? 스모?

“얘들아! 그럼 세상에서 제일 재밌는 스모를 하자! 너희, 어떻게 하는지는 알아?”

"아, 아뇨. 알려 주세요. 대신 끝나면 저희랑 함께 가는 거예요."

나는 이제 와서 어쩔 수 없다는 생각에 우선 약속부터 받아 내기로 했어.

"물론이지! 와우, 신난다!"

그 이후, 우리가 스모를 얼마나 많이 했는지는 그냥 너희들 상상에 맡길게.

일본의 문화유산 이야기

일본식 씨름, 스모

일본식 씨름인 '스모'는 일본에서 가장 유명한 전통 스포츠예요. 우리나라의 씨름과 많이 닮았죠. 씨름과 스모 모두 두 사람이 서로 맞잡고 힘과 기술을 겨루는 것은 같지만, 복장이나 경기 규칙은 조금씩 달라요. 손과 다리를 이용하는 씨름은 당기는 기술 위주이고, 모래판 밖으로 나가면 다시 경기를 진행해요. 반면에 스모는 주로 손으로 미는 기술을 사용해서 모래판 밖으로 먼저 나간 사람이 지게 된답니다.

일본 한눈에 알아보기

일본의 말과 글

일본어는 한자어랑 매우 비슷해요. 글자 체계는 중국어에서 유래했지만, 한자에서 변형된 두 가지의 글자 체계를 사용하지요. 바로 '히라가나'와 '가타카나'예요.

일본어는 세로로도 많이 쓰고 위에서 아래로 내려 읽어요. 책의 경우에는 우리와 달리 오른쪽에서 왼쪽으로 거꾸로 읽어 나가지요.

일본어의 특징은 토착어뿐만 아니라 외래어도 자연스럽게 쓴다는 점이에요. '내가 너에게 선물을 줄게'라고도 할 수 있지만 '내가 너에게 프레젠또를 할게'라고도 쓰지요. 일부러 외래어를 쓴다기보다는 외래어를 사용하는 게 자연스럽기 때문에 형성된 문화라고 할 수 있어요.

ア a	イ i	ウ u	エ e	オ o
カ ka	キ ki	ク ku	ケ ke	コ ko
サ sa	シ shi	ス su	セ se	ソ so
タ ta	チ chi	ツ tsu	テ te	ト to
ナ na	ニ ni	ヌ nu	ネ ne	ノ no
ハ ha	ヒ hi	フ fu	ヘ he	ホ ho
マ ma	ミ mi	ム mu	メ me	モ mo
ヤ ya		ユ yu		ヨ yo
ラ ra	リ ri	ル ru	レ re	ロ ro
ワ wa				ヲ wo
ン n				

가타카나 문자표

일본을 대표하는 작가는 누구일까?

일본 문학은 8세기에 최초의 기록 문학 형태를 갖추기 시작해요. 주로 중국 문화의 영향을 받다가 18세기 중반부터는 현대 서양 문학의 영향이 커져 갔지요. 일본 근대 문학을 대표하는 작가가 바로 '나쓰메 소세키'예요. 『도련님』, 『나는 고양이로소이다』, 『마음』 등의 작품이 잘 알려져 있어요. 그가 얼마나 유명했는지 일본 지폐 1000엔 권에 초상이 그려져 있었는데요(1984년), 2004년부터는 '노구치 히데요(1876~1928, 의사 및 병리학자)'로 바뀌었다고 해요.

나쓰메 소세키(1867~1916)
출처: 도쿄 예술 대학의 대학 미술관

가와바타 야스나리(1899~1972)

우리나라에서는 『설국』의 작가 '가와바타 야스나리'도 유명해요. 1968년 일본인 최초로 노벨 문학상을 수상하면서 전 세계에 알려졌지요. "일본인의 심정의 본질을 그린, 몹시 섬세한 표현에 의한 서술의 탁월함"이 노벨상 위원회의 수상평이었답니다.

3장

좌충우돌
모모타로 찾기

신사에서의 소동

'딸랑딸랑……!'

'구웅 우웅 구웅!'

어? 또 무슨 소리냐고? 벌써 잊은 거야? 코코가 꼬리를 흔들어 시공간 이동을 할 때 나는 소리잖아.

사고와 나, 코코와 갓파는 두 번째 헬퍼 요괴인 모모타로를 찾으러 다시 현재로 돌아왔어.

"여긴 일본 4대 섬 중에서 가장 남쪽에 있는 규슈 섬의 후쿠오카야."

"여긴 라멘, 우동 등 맛있는 음식이 아주 많기로 유명해."

코코와 갓파의 말에 사고의 목소리가 갑자기 커졌어.

"와우! 정말?"

닌 침을 꼴깍 삼키는 사고와 눈이 마주쳤어.

이 상황에서도 먹을 것만 생각하다니. 역시 어린애라니까.

"그런데 두 번째 헬퍼 요괴 모모타로가 여기 있어?"

내가 코코와 갓파를 쳐다보며 물었어. 그러자 갓파가 고개를 끄덕이며 말했어.

"응. 틀림없이 지금 가 볼 신사에 있을 거야."

"아! 신사!"

내가 모자를 잡고 위로 들어 올렸다 내리며 영국 신사 흉내를 내자 코코가 웃으며 말했어.

"쿠쿠쿳! 신사는 일본 종교인 '신도'의 사당, 즉 신들에게 제사를 지내기 위해 세워진 건물을 말해. 일본 사람들은 정말 다양한 신을 모시거든. 그래서 8만 여 개의 신사가 있어."

일본의 문화유산 이야기

신도 사상

일본의 전통 종교인 '신도'는 나무나 번개 같은 자연물, 자연현상부터 조상이나 역사적 인물에 이르기까지 온갖 것을 신으로 모시는 종교로 유명해요. 신도는 일본인의 일상생활 깊숙이 뿌리를 내리고 있어요. 살면서 큰 일이 있을 때 신사를 찾아 소원을 빌거나 부적을 사기도 해요. 찻길 가에 있다 조그만 사당을 오갈 때 그 앞에 잠시 멈춰 서서 짧게 기도를 하는 사람도 많아요. 심지어 집 안에도 신을 모시고 아침저녁으로 기도를 한다고 해요.

"우와아아!"

사고와 나는 동시에 소리를 질렀어.

코코는 여기가 '다자이후텐만구'라는 신사이고, 학문의 신을 모신 곳이라 시험을 앞둔 사람들이 소원을 빌러 많이 온다고 설명했어.

입구에는 돌기둥을 서로 엮어 놓은 것처럼 생긴 문이 보였어. 내가 목이 빠지게 올려다보고 있으려니까 갓파가 말했어.

"저건 신사의 입구를 알리는 문인 '도리이'야."

"코코랑 갓파 님은 어쩜 그렇게 아는 게 많아요?"

"카카캇! 너희도 일본에서 몇 만 년 살아 봐."

갓파가 큰 소리로 웃고 코코도 고개를 끄덕이며 미소 지었어.

일본의 문화유산 이야기

도리이

도리이는 보통 나무로 만들지만 돌로 만들기도 해요. 심지어 도자기의 신을 모신 신사에는 도자기로 만든 도리이도 있답니다.

도리이는 신성한 곳이 시작됨을 알리는 관문으로, 흔히 신사 앞에서 찾아볼 수 있어요. 보통 두 개의 기둥이 서 있고, 기둥 꼭대기를 서로 연결하는 가로대가 놓여 있는 형태이지요.

도리이를 지나 조금 더 안으로 들어간 곳에 신사가 있었어. 커다란 종이 천장에 매달려 있었지.

“밧줄을 당겨 종을 울리고 소원을 비는 거야.”

갓파의 말이 떨어지자마자 종이 울렸어.

옆에 서 있던 코코가 고개를 숙이고 조용히 소원을 빌기 시작했어.

“빨리 다른 헬퍼 요괴님들을 찾아 친구들을 구할 수 있게 해 주세요.”

그런데 모모타로는 어디 있는 거지? 가만, 여기 뭔가 이상해. 우리가 도착했을 때부터 모모타로는커녕 개미 한 마리 보이지 않았어.

“왜 여긴 아무도 없는 거야?”

내가 묻자, 코코가 조금 떨리는 목소리로 말했어.

“아무래도 분위기가 이상해. 모모타로 님한테 무슨 일이 일어난 걸까?”

우리는 다시 주위를 살피며 입구까지 되돌아갔어. 그런데 어디선가 쉭쉭거리는 콧바람

소리가 들렸어.

아까 신사 입구에서 봤던 황소 동상이 콧김을 뿜으며 천천히 몸을 일으키는 거야.

"시끄러워! 누가 내 단잠을 깨우는 거야!"

"어떡해! 신사를 지키는 황소 정령이 깨어났어!"

코코가 소리치며 내 뒤로 후다닥 숨어 버렸어. 물론 갓파도 같이 말이야.

"저희는 모모타로 님을 찾고 있어요. 어디 있는지만 알려 주시면 얼른 사라질게요."

황소가 나를 쓰윽 훑어보는데 등에 식은땀이 쫙 흐르더라.

"모모타로? 그 녀석이라면 후시미 이나리 신사로 떠난 보부상한테 팔아 버렸어. 모모타로를 보러 오는 사람들 때문에 여간 시끄러워야지. 너희도 떠들지 말고 어서 썩 사라져!"

우리는 할 말을 잃고 서로 얼굴만 쳐다보다가 코코가 외치는 소리를 듣고 정신을 차렸어.

"가자! 빨리 따라잡아야 해!"

우리는 서둘러 서로 손을 맞잡았어. 그리고 코코가 꼬리를 들어 올렸지.

'딸랑딸랑……!'

'구웅우웅구웅!'

그리고 우리가 도착한 곳은 교토의 후시미 이나리 신사였어.

"우와, 저것 봐! 도리이가 엄청 많아!"

사고가 가리킨 곳에 붉은색 도리이가 터널처럼 끝도 없이 이어져 있었어. 눈이 핑글핑글 돌 정도더라고.

그때였어, 아주 기분 나쁜 웃음소리가 들린 건.

"고, 곡식의 신이자 여우 정령이야. 이곳 여우는 위험한 정령이야. 눈이 마주치면 무서운 환상을 보게 돼."

갓파의 말에 우리 모두 눈을 질끈 감았어.

"오호호호! 겁쟁이들이네."

"그래 가지고 어떻게 모모타로를 찾겠다는 거지? 으으으흥!"

아무래도 안 되겠어. 나는 용기를 끌어모아 소리쳤지.

"우린 겁쟁이가 아니에요. 빨리 알려 주세요!"

"쿄쿄, 제법인데? 그렇다면 힌트를 주지. 모모타로를 데려간 보부상은 마츠리에 갔어."

흰여우의 말이 떨어지자마자 어디선가 시끌벅적한 소리가 들리기 시작했어. 그리고 동시에 코코와 갓파가 소리치며 뛰어갔어.

"가자! 아오이 마츠리가 시작됐어!"

세상에 이런 축제가!

나는 빠른 속도로 뛰는 코코와 갓파의 꽁무니를 놓치지 않으려고 열심히 따라가느라 숨이 찼어.

"헤엑, 헥! 코코야! 마, 마, 마츠리가 뭐야?"

"마츠리는 축제야. 지금 막 교토의 3대 마츠리 중 하나인 아오이 마츠리가 시작된 것 같아."

드디어 넓은 도로로 들어섰을 때, 나는 너무 놀라 입을 다물지 못했어.

"우와!"

정말 굉장했어! 셀 수도 없이 많은 사람들이 화려한 일본 전통 의상을 입고 거리를 걷고 있는 거야. 말을 탄 사람, 커다란 가마를 멘 사람, 사무라이 복장을 한 사람, 빨간 우산을 쓴 사람 등 정말 많았어.

"이렇게 복잡한 데서 모모타로를 어떻게 찾지?"

사고는 이렇게 투덜거리면서도 쉴 새 없이 움직이며 사람들을 살폈어.

우리도 한참을 눈을 크게 뜨고 찾아봤지만, 수상한 사람을 발견할 수는 없었어. 그런데 이상한 건, 그 많은 사람들 중에 우리에게 신경 쓰는 사람이 한 명도 없다는 거야. 뭐, 다행이라면 다행이지만 말이야.

잠시 후에 코코가 불안한 표정으로 외쳤어.

"아무래도 여긴 없나 봐. 다른 축제로 가 보자. 서둘러!"

일본의 문화유산 이야기

일본의 전통 의상 기모노

기모노는 소매가 넓고 길이가 발목까지 오는 일본 전통 의상이에요. 폭이 넓은 '오비'라는 허리띠를 두르죠. 옷을 여러 벌 겹쳐 입는 불편함 때문에 결혼식이나 졸업식 같은 특별한 날에만 입고, 요즘은 '유카타'라고 하는 간편하고 가벼운 평상용 기모노를 입는답니다. 기모노의 특징은 옷의 부분을 조각으로 붙여서 잇는 형식이 아니라 천을 그대로 활용하여 만든다는 점이에요. 각각의 신체 부위에 맞게 재단하지 않았기 때문에 신체 조건과 상관없이 누구든 남의 옷도 쉽게 입을 수 있어요.

다음으로 찾아간 곳에서는 네부타 축제가 열리고 있었어.

그곳에서는 사무라이, 용, 도깨비 모양의 등으로 화려하게 장식한 수레를 밀면서 걷는 사람들을 봤어. 금세 저녁이 됐는데, 불꽃놀이를 하더라고. 정말 근사했어! 하지만 넋 놓고 축제 구경을 하고 있을 수만은 없었지.

우리는 다시 홋카이도 섬으로 이동해서 삿포로의 눈 축제, 유키 마츠리가 열리고 있는 곳을 찾았어. 온통 하얀 세상인 축제에는 아이들이

이글루에서 놀거나 얼음 미끄럼을 타고 있었어. 눈과 얼음으로 만든 조각도 많았는데, 자유의 여신상이나 에펠 탑, 동화 속 주인공들과 멋진 궁전 등 종류도 다양했어.

"일본은 축제가 참 다양하네!"

"응. 축제엔 특이한 행사도 많은데, 행운을 불러온다고 믿기 때문이래."

갓파의 말에 사고가 고개를 끄덕이며 중얼거렸어.

"그렇구나. 그런데 어떡하지? 이 축제에도 모모타로 님은 없나 봐."

나도 주위를 둘러보다가 문득 코코를 보게 됐는데, 얼음 조각을 뚫어지게 쳐다보는 코코의 표정이 이상했어. 마치 금방이라도 울음이 터질 것 같은 거야.

'아……!'

얼음 조각들을 보며 얼음에 갇힌 친구들이 생각나나 봐.

나는 일부러 큰 소리로 재촉했어.

"여기도 아닌가 봐. 빨리 다른 축제에 가 봐야 하는 거 아냐?"

"잠깐! 축제가 힌트라고 했잖아. 그럼 혹시 모모타로와 연관된 축제가 있는 게 아닐까?"

사고의 말에 갓파가 잠시 뭔가를 생각하더니 짝 하고 손뼉을 쳤어.

"히나 마츠리야! 모모타로의 '모모'는 복숭아라는 뜻인데, 인형의 축제인 히나 마츠리를 복숭아 명절이라고 하거든."

"맞아요. 빨리 히나 마츠리로!"

코코가 말을 마치자마자 꼬리를 들어 올리는 게 보였어. 우리도 후다닥 손을 잡았지. 그러자 방울 소리와 공기의 진동, 눈부신 빛을 지나 순식간에 주변이 달라졌어.

또다시 눈 깜짝할 사이에 도착한 히나 마츠리에는 눈길이 닿는 곳마다 인형이 있었어. 계단식 진열대에는 천황이나 하인들의 인형이 놓여 있었고, 작은 일본 여자아이 인형들도 많았어.

우리는 수많은 사람들 사이에서 모모타로를 찾기 시작했어. 그때 옆에 있는 사고가 중얼거리는 소리가 들렸어.

"모모타로 님, 어디 있나요? 제발 짠 하고 나타나 주세요!"

나도 사고처럼 간절한 마음이 들었어. 그런데 문득 궁금해졌어. 모모타로는 어떤 요괴일까, 그리고 도대체 어쩌다 여기까지 오게 되었을까?

그때, 신기한 일이 일어났어. 어디선가 '모모타로!' 하고 외치는 소리가 들린 거야. 소리가 나는 곳으로 달려갔더니 사람들이 몰려 있고, 인형극 무대가 보였어.

드디어 모모타로를 보게 되는 걸까?

모모타로 이야기
모모타로 이야기로 인형극을 한다는 말에 우리는 일단 지켜보기로 했어.
닌자다!
그게 아니라 인형 조종사잖아.
인형극에 집중하라고 저런 복장을 하는 거야.
띠리링
땅 땅 ~

와, 소리가
정말 예쁘다!
일본 전통
악기 '샤미센'이야.
영감! 이것 좀 보세요.
아니, 그게 뭐요?
자세히 보니 무대 옆에 앉은 사람이
목소리를 내는 거였어.
내가 냇가에서
빨래를 하고 있는데…….
이게 둥둥 떠내려
오지 뭐예요!
아니, 이건?
이렇게 크고
예쁜 복숭아는 처음 보는군.

먹기엔
아깝죠.
정말
희한하군.
쩌저적
파삭
응애~
응애~
이게 뭐야!
사내아이예요.
신이 주신
아기구먼.
복숭아에서
태어났으니
'모모타로'라고
부릅시다!
모모타로는 사랑을 듬뿍
받으면서 영리한 아이로
무럭무럭 자랐대.
힘도 엄청 셌지.
이얏!
번쩍

소문 들었어요?
도깨비가 나타났대요.
이번엔 집도 태웠다는군요.
무서워서 살 수가 없군.
모모타로는 마을에 도깨비가 나타나 사람들을 괴롭힌다는 소문을 들었어.
내가 나서야겠군.
제가 혼내 주고 올게요.
안 된다!
도깨비는 너무 위험해.
할 수 있어요.
그렇다면 이걸 가져가거라.
몸조심하고.
걱정 마세요.

그렇게 모모타로는 길을 떠났어.
멍멍. 보따리에 든 게 뭐죠?
멍 멍
수수경단이야.
떡 하나 주면 길동무가 되어 줄게요.
좋아!
끽끽! 모모타로 님, 어딜 가시나요?
도깨비를 혼내 주러 가지.
저도 데려가 주세요.
휙
그래!
푸드득
꾸꾸. 저도 같이 가요!
너도 이거 먹고 따라오렴.

아유, 맛있어!
쫄깃하고 고소해.
꿀꺽
꿀꺽
힘이 난다!
몸도 가벼워.
모모타로는 이렇게 개, 원숭이, 꿩과 일행이 되어
도깨비가 사는 섬으로 향했어.
바로 저기가
도깨비 섬이야.
촤아아
나는 모모타로다!
그런데 무시무시한 문지기 도깨비들이
성문을 지키고 있었어.
겁도 없이!
혼내 주마!
크앙

콕콕
팍
아르릉
우끼끼
모모타로와 개, 원숭이, 꿩은 도깨비들에 맞서 용감하게 싸웠어.
도깨비 두목 나와라!
쾅
누가 날 찾지?
너를 혼내 주러 왔다!
감히 이 오니 님을 화나게 하다니!
크앙
퍽
캉
캉
이야앗
끄앙
하지만 오니도 힘센 모모타로를 당해 내지는 못했지.
털썩
항복이다.

잘못했습니다.
용서해 주세요.
앞으로는 사람들을
괴롭히지 마라!
네, 앞으로는
착하게 살게요.
그렇다면
용서하지.
모모타로는 집으로 돌아와 마을 사람들에게 보물을
나눠 주고 행복하게 살았대.
와아~
모모타로 만세
인형극은 이렇게 막을 내렸어. 그런데 갑자기 주위가 어두워지고
왠지 으스스한 느낌이 드는 거야.
팟
그리고 푸른 불꽃이 반짝 하고 빛났어. 또 무슨 일일까?
반
짝

4장

수상한 도깨비 야시장

인형이 된 모모타로

"으잉! 오빠, 무서워!"

사고가 당장이라도 울음을 터트릴 것 같았어.

"가, 갑자기 어떻게 된 거지?"

나도 모르게 목소리가 떨렸어.

그때, 하나였던 푸른 불꽃이 두 개가 되더니 점점 그 수가 늘어났어.

"코코, 이게 뭔지 알아?"

"저건 아무래도 도깨비불 같아."

코코의 불안한 말투에 나는 덜컥 겁이 났어. 그나마 다행인 건, 늘어나는 푸른 불꽃들 덕분에 주변이 조금씩 보이기 시작했다는 거야.

나는 눈에 잔뜩 힘을 주고 앞을 노려봤어. 그랬더니 거리에 가게가 끝없이 늘어져 있는 게 보였어.

"여기는 뭐지? 시장인가?"

내 말에 갓파가 고개를 갸웃거렸어.

"그런 것 같아. 그런데 왜 갑자기 시장으로 변한 거지?"

우리 앞에 펼쳐진 풍경은 밤에 열리는 야시장 비슷하긴 했는데, 분위기가 너무 수상했어.

우리는 가게들을 하나씩 살피면서 조심조심 나아갔어. 맨 앞의 가게에는 다리 길이가 모두 다른 거미가 담긴 상자들이 쌓여 있었어. 그 옆은 가발을 파는 가게였는데, 머리카락이 아니라 지렁이였지 뭐야!

"으윽!"

사고가 손으로 입을 막고 눈을 질끈 감았어.

가만 보니 가게 주인들은 모두 도깨비들이었어. 거미를 파는 도깨비 어깨에는 거미가 기어 다니고 있었고, 가발을 파는 할머니 도깨비는 송곳처럼 뾰쪽한 머리카락이 삐쭉삐쭉 솟은 가발을 쓰고 있었어.

다음은 드라큘라 같은 기괴한 가면들을 파는 가게였는데, 피에로 가면을 쓴 주인도 도깨비가 틀림없었어. 그 옆의 관을 파는 가게에는 도깨비 주인이 관 속에 누워 있는 거야.

"어이! 시궁창 꽃 좀 사 가지 그래?"

머리에 까만 풀이 자란 도깨비가 물었어. 소름 끼치는 목소리의 그 도깨비는 시들고 썩어서 냄새가 지독한 식물들을 팔고 있었어. 대답 없는 우리를 도깨비가 무섭게 노려보자, 사고의 얼굴이 하얗게 질렸어.

그때 갑자기 갓파가 소리쳤어.

"어, 저기! 모모타로다!"

저 앞에 모모타로 인형이 누군가가 내려놓은 짐 위에 앉아 있는 게 보였어. 그런데 고개를 살짝 숙인 모모타로 인형의 얼굴이 이상했어. 눈물을 흘리고 있더라고.

살아 있어! 인형이 아니야!

모두 같은 생각을 했는지, 우리는 누가 먼저랄 것도 없이 긴장한 얼굴로 모모타로 인형을 향해 다가갔어. 그런데 누군가 인형을 끌고 가고 있었어. 몸집이 크고 빨간 몸에 뿔이 두 개인……, 맞아! 오니야!

"너! 오니, 맞지?"

갓파가 묻자 오니가 험악한 표정을 지으며 돌아봤어.

"흥!"

"모모타로를 데려갔다는 보부상이 너냐?"

"글쎄!"

"모모타로를 왜 인형으로 만든 거야?"

"내 맘이야!"

"모모타로 님을 돌려주세요!"

사고가 용감하게 외치자 오니가 천둥같이 큰 소리로 대답했어.

"그건 안 돼!"

"왜요! 살아 있는 모모타로 님을 인형으로 만들다니, 너무하잖아요!"

사고도 절대 지지 않고 맞받아 소리쳤어. 용감한 내 동생!

"너희도 봤지? 내가 요 녀석에게 혼쭐이 났던 옛날이야기를? 복수를 위해 얼마나 힘들게 찾아냈는데!"

"그래도, 그래도 이건……."

사고가 분한 듯 입술까지 파르르 떨었어. 지금이 바로 동생을 위해 용감하고 멋진 오빠가 나서야 할 때지.

"너무 비겁하잖아!"

내 말에 오니가 나를 무섭게 쏘아봤어.

"뭐?"

"정정당당하게 싸워야지. 상대를 인형으로 만들어 버리는 건 비열한 짓이라고!"

"쳇!"

오니는 귀찮다는 듯 몸을 휙 돌리더니 모모타로를 끌고 눈 깜짝할 사이에 우리 앞에서 사라져 버렸어.

"가자! 뛰어!"

힘차게 내달리며 내가 외쳤어.

우리는 오니가 사라진 쪽을 향해 무작정 뛰기 시작했어. 가는 길에는 여전히 이상하고 희한한 도깨비 가게들이 많았지만 우리 중 아무도 그쪽으로 눈길을 주지 않았어.

그렇게 얼마나 뛰었을까. 사고가 갑자기 멈춰 섰어.

"앗! 여긴 아까 거기잖아!"

"뭐라고?"

우리도 사고를 따라 모두 멈춰 섰어.

"거미 가게, 그 다음은 가발, 다음은 가면, 그리고 관!"

사고의 말대로 또다시 시장의 첫 번째 가게, 그러니까 거미를 파는 가게 앞이었어.

"이럴 수가! 얼마나 오래 뛰었는데!"

코코와 갓파도 당황한 얼굴로 한마디씩 했어. 우리는 모두 그 자리에 붙박인 듯이 한참을 서 있었어.

"여기 정말 이상한 곳이야. 코코야, 어떻게 좀 해 봐!"

사고가 울 것 같은 얼굴로 말하자, 코코가 난처한 표정을 지었어.

"그런데 어디로 가야 할지 모르겠어. 일단 여기를 벗어나서 아무 데나 가 보자."

코코가 꼬리를 치켜들었어. 하지만 코코가 아무리 꼬리를 흔들며 방울 소리를 내도 공기의 진동도, 아무 일도 일어나지 않았어. 우리는 여전히 춤추듯 일렁이는 푸른 불꽃들에 싸인 채 도깨비 야시장 안에 있었어.

"안 돼. 소용없어."

코코가 고개를 흔들며 힘없이 말했어. 갓파도 코를 훌쩍였어.

"집에 가고 싶어, 오빠."

사고가 울기 시작했어. 나도 울고 싶은 마음이었지만, 꾹 참았어.

어쩌지? 어떡해야 하지?

나는 생각과 동시에 발걸음을 옮겼어.

"뭉치야, 어쩌려고?"

코코가 힘없이 물었어. 사고와 갓파도 궁금해하는 눈빛이었어. 나는 힘주어 말했어.

"또 가야지! 이러고 서 있을 수만은 없잖아."

우리는 다시 걷기 시작했어. 하지만 몇 시간 후엔 또다시 같은 자리에 서 있었어. 게다가 시간이 흘러도 해가 뜨지도, 날이 밝지도 않았어. 도깨비 시장의 밤은 끝없이 이어졌어. 우리는 조금씩 지쳐 갔어.

그때, 어둠 속에서 두 가지 소리가 동시에 들렸어.

'스으으윽 쉭!'

"스미마셍!"

어, 이 목소리는?

고마워요, 닌자님!

검은 옷에 검은 복면, 바람을 가르며 나는 듯 재빠른 몸짓, 저 사람은 바로……!

"어! 닌자! 닌자야!"

나는 흥분해서 크게 소리쳤어. 만화 영화에서 튀어나온 것 같은 닌자를 바로 눈앞에서 보게 되다니!

닌자가 재빠르게 주위를 살피며 손가락을 입에 대고 속삭였어.

"쉿! 조용! 저 닌자 맞습니다. 아까 그분들이군요."

처음 일본에 도착했을 때 무언가가 사고를 스쳐 갔던 일이 생각났어. 바로 이 닌자였던 거야!

"누가 저를 찾으면 제가 간 반대 방향을 알려 주십시오."

복면 위로 보이는 눈을 빛내며 닌자가 말했어. 그러고는 우리가 고개를 한 번 끄덕이기도 전에 오른쪽으로 사라졌어.

닌자가 사라지자마자 어디선가 누가 또 나타났어. 마츠리 행렬에서

본 사무라이 같았어.

"혹시 검은 옷을 입은 사람이 어느 쪽으로 갔는지 봤나요?"

"이쪽이요!"

사고가 먼저 왼쪽 방향을 가리켰어. 나도 따라 왼쪽을 가리키며 말했어.

"네, 맞아요. 방금 저기로 사라졌어요."

사무라이는 고개를 크게 끄덕이고는 사라졌어.

어리둥절해하고 있을 때 다시 닌자가 나타났어.

"정말 고맙습니다."

닌자가 우리를 향해 꾸벅 인사를 하자 내가 말했어.

"에이, 뭘요. 그런데 무슨 일인가요?"

닌자는 자신이 사무라이에게 쫓기는 이유를 설명하기 시작했어. 수백 년 전 가라테 대회에서 닌자에게 크게 패한 사무라이가 복수하기 위해 시간과 공간을 넘나들며 쫓아다닌다는 거야.

"못된 오니랑 똑같네! 정정당당하게 패배를 인정할 줄 알아야지."

"오니가요?"

닌자가 물었어.

"네, 오래전 모모타로 님에게 진 복수를 한다고 인형으로 만들어 버렸다니까요!"

"저런, 오니가 또 못된 짓을 했군요."

"닌자 님! 오니를 아세요?"

닌자가 나를 보며 고개를 끄덕였어. 그러자 이번에는 코코가 나섰어.

"닌자 님, 오니는 어디 있나요? 저희는 오니가 인형으로 만든 모모타로 님을 꼭 찾아야 해요."

“마침 잘됐네요. 저를 도와주신 은혜를 갚을 수 있겠어요.”

닌자는 오니가 매번 들른다는 도깨비 쉼터의 위치를 알려 줬어.

“떡을 파는 가게를 찾으세요. 그 옆에 수풀 더미에 가려진 도깨비 쉼터가 있어요. 인형이 된 존재는 오니가 잠을 잘 때만 원래대로 돌아오니까 오니가 잠이 든 기회를 노려야 해요.”

“아! 알겠어요. 하지만 이 시장을 빠져나갈 방법을 우리는 도저히 모

르겠어요."

곤란해하는 사고의 말에 닌자는 품속에서 일본 지폐를 건네 줬어.

"이 야시장은 살아 있어요. 시장은 물건을 팔고 사는 곳이니, 이 돈으로 어떤 물건이든 사기만 하면 여길 나갈 수 있답니다."

"정말 감사합니다, 존경하는 닌자 님!"

일본의 문화 이야기

일본 화폐

일본의 화폐는 '엔'이라고 해요.
주화는 1엔, 5엔, 10엔, 50엔, 100엔, 500엔짜리 여섯 종류와 1천 엔, 2천 엔, 5천 엔, 1만 엔짜리 지폐 네 종류가 있어요. 이 중에서 사용이 적은 2천 엔 짜리 지폐는 2003년 이후로는 만들어지지 않고 있답니다.

내가 꾸벅 인사하자 사고와 코코, 갓파도 나를 따라 허리를 숙였어. 닌자는 그런 우리를 둘러보며 응원하듯 고개를 크게 끄덕이고는 또다시 바람처럼 사라졌어.

"어서 가자!"

갓파가 먼저 뛰기 시작했고, 우리는 남은 힘을 끌어모아 또다시 뛰었어. 그리고 얼마 지나지 않아 떡 가게를 발견했어.

"저기야!"

곰팡이가 잔뜩 핀 것 같은 떡을 쌓아 놓고 파는 가게였어. 우리는 바쁘게 떡을 만들고 있는 떡 가게 주인 도깨비의 눈을 피해 닌자가 알려 준 대로 가게 옆에 있는 수풀 더미를 헤쳐 보았지.

"있다!"

수풀 더미 안에는 나무로 만들어진 허름한 공간이 있었어. 그리고 그곳에서 오니가 코를 골며 자고 있었어. 모모타로는 기둥에 이어진 밧줄에 발이 묶인 채 오니 앞에 주저앉아 있었어.

"모모타로!"

갓파가 작은 소리로 부르자, 모모타로가 깜짝 놀라 벌떡 일어났어.

"가, 갓파!"

"쉿!"

우리는 동시에 입에다 손가락을 갖다 댔어.

나는 서둘러 모모타로 몸에 묶인 밧줄을 풀기 시작했어. 잠든 오니가 언제 깰지 몰라 긴장한 탓에 손이 덜덜 떨리고 이마에 땀이 송골송골 맺혔어.

밧줄을 푸는 동안에도 어리둥절해 있던 모모타로는 우리가 이끄는 대로 쉼터를 빠져나왔어. 하지만 수풀을 헤치고 나온 후 떡 가게 앞에 선 모모타로는 기운이 빠진 듯 발걸음을 떼는 것도 힘들어 보였어.

"모모타로! 힘내! 오니가 깨기 전에 도망가야 해!"

갓파에 이어 코코가 간절한 얼굴로 말했어.

“모모타로 님, 얼음이 되어 버린 제 친구들을 구하려면 헬퍼 요괴님들의 힘이 필요해요. 조금만 힘을 내 주세요.”

아, 어쩌지? 무시무시한 오니가 깨면 큰일이야!

그때 문득 인형극 내용이 떠올랐어. 모모타로가 세상에서 가장 좋아한다는 수수경단을 할머니가 싸 주셨었지!

“모모타로 님! 제가 수수경단을 사 올 테니, 빨리 출발하세요!”

엄청나게 뚱뚱한 떡 가게 주인 도깨비는 나를 찬찬히 훑듯이 쳐다보더니 기분 나쁘게 말했어.

“그 지폐를 다 주면 팔지!”

닌자가 준 지폐는 떡값보다 훨씬 큰 가치가 있을 것 같았지만 어쩔 수 없었어. 나는 지폐를 내고 수수경단을 사서 오니가 모모타로를 발견하기 전에 서둘러 뛰어갔어. 그리고 코코 앞에 멈춰 서서 외쳤어.

“됐어! 이제 여기서 나갈 수 있을 거야. 자, 다들 공간 이동할 준비해! 시간이 없어!”

우리는 누가 먼저랄 것도 없이 함께 손을 잡았어.

“코코! 지금이야!”

코코가 보일 듯 말 듯 고개를 끄덕이더니 꼬리를 들어 올렸어.

일본 한눈에 알아보기

일본에서는 어떤 축제가 열릴까?

히나마츠리

3월 3일에는 히나마츠리(인형 축제)가 열려요. 이 날은 여자 아이들의 행복과 건강한 성장을 비는 날이지요. 가족들은 복숭아꽃과 흰 사케, 마름모 모양의 떡(히시모치) 및 말린 작은 떡(아라레)과 같은 음식을 만들고 전통적인 황실복을 입은 인형인 '히나닌교'를 집 안에 장식한답니다.

히나마츠리 풍습은 정화 의식과 관련된 고대의 신앙에서 유래하였어요. 옛날에는 강가에서 행하는 의식으로 사람들이 저지른 범죄와 더러운 일을 깨끗이 씻고 정화할 수 있다고 믿었지요. 이후에는 종이로 만든 인형이 이러한 의식에 사용되었으며 에도 시대(1603-1867년) 이후에 이러한 인형은 오늘날과 같은 '히나닌교'의 형태로 바뀌기 시작했어요.

다나바타(칠석)

여름의 첫 번째로 열리는 행사는 바로 7월 7일 다나바타예요. 이 날은 중국과 한국을 거쳐 일본의 황실로 처음으로 전해졌고, 그 이후로 대중에 널리 알려진 '견우성'과 '직녀성'이 일 년에 한 번 은하수에서 만나는 날을 기념하지요. 이 날에 소원을 빌면 이루어진다고 해요. 정원이나 그 밖의 다른 곳에서 사람들은 잎이 달린 대나무 가지에 소원을 적은 기다란 종이를 붙여 장식해요.

시치고산

11월 15일은 세 살과 다섯 살의 남자 아이와 혹은 세 살과 일곱 살의 여자 아이를 데리고 신도 신사를 방문하는 날이에요. 아이들의 안전과 건강한 성장을 기원하기 위한 행사를 치르지요. 전통적으로 키가 작은 남자 아이들은 '하오리'(일본의 반코트)와 '하카마'(앞이 갈라진 치마)를 입고 여자아이들은 기모노를 입어요. 가정에서는 팥찰밥을 만들고, 머리와 꼬리가 붙은 생선 등을 준비하여 축하합니다. 옛날에는 어린이의 사망률이 높았기 때문에 7세까지는 '신의 아이'라고 하여 죽어도 다시 환생해 온다고 믿었어요. 따라서 7세까지 무사하게 자란 것을 신사에서 씨족신(각각의 씨족이 따로 모시는 수호신)에게 보고하고 앞으로의 행복을 기원하는 것이랍니다.

5장

좌부동자 구출 작전

행운을 부르는 좌부동자

방울 소리와 공기의 진동, 눈부신 빛을 지나 우리는 마침내 야시장을 벗어나 환한 장소로 이동했어.

"와! 드디어 야시장을 빠져나왔어!"

"카카캇! 다행이야!"

사고는 갓파와 얼싸안고 좋아했어. 그나저나 여긴 또 어딜까?

"여긴 일본 네 개의 주요 섬 중에 가장 작은 시코쿠 섬이야."

코코의 말에 주위를 두리번거리던 모모타로가 손뼉을 쳤어.

"어! 여긴 내 친구들이 사는 곳인데!"

"친구?"

모모타로는 내 물음엔 대답도 없이 보따리를 풀어 수수경단을 먹기 시작했어. 그 모습이 꼭 어린아이 같았지. 그러고 보면 헬퍼 요괴들은 정말 순수한 요괴들이야. 좌부동자는 또 어떤 요괴일까?

"코코! 좌부동자는 어디에 있어?"

"이제부터 찾아야 해. 이곳에 사는 사람들이 숨겨 놓았다고 들었어."

"좌부동자를 찾으려면 행운을 찾으면 돼."

갓파의 말에 사고가 고개를 갸우뚱거리며 물었어.

"행운?"

"응. 좌부동자는 돈 같은 행운을 불러오는 요괴거든."

"맞아. 그래서 누군가가 욕심을 부려 좌부동자를 붙잡아 두려고 숨겨 두었을 거야."

"으! 너무하잖아!"

씩씩거리는 사고를 보며 나는 곰곰이 생각했어. 행운을 불러오는 좌부동자를 숨긴 욕심 많은 사람이라면, 아마 이 마을에서 가장 부자가 되어 있지 않을까?

"그나저나 좌부동자를 어떻게 찾지?"

그때였어. 어디선가 불쑥 개가 나타나 모모타로에게 다가갔어.

"멍멍! 잠깐! 들고 있는 게 뭐죠?"

"내가 세상에서 제일 좋아하는 수수경단!"

모모타로가 처음 만났을 때보다 큰 목소리로 말했어. 그새 수수경단을 먹었는지 기운을

좀 차렸나 봐.

"그럼 그 떡 하나만 주면 도와드릴게요!"

"좋아! 하하하!"

"끽끽! 모모타로 님! 어딜 가시나요?"

원숭이도 다가와 물었어.

"좌부동자를 찾으러 가지!"

"그럼 저도 같이 가요!"

"꾸꾸! 저도요!"

꿩이 날개를 푸드덕거리며 날아와 모모타로의 어깨에 앉았어. 그러자 모모타로가 환하게 웃으며 개와 원숭이와 꿩을 보며 말했어.

"어서 와! 친구들!"

"어! 모모타로 이야기에 나온 동물들이야!"

사고가 자신들을 가리키자, 개와 꿩, 원숭이가 고개를 끄덕였어.

"친구들아! 혹시 좌부동자가 갇혀 있을 만한 곳을 알고 있니?"

모모타로가 묻자 개와 원숭이, 꿩 모두 고개를 갸우뚱했어.

"그럼 혹시 돈 같은 재물이 넘쳐나는 집을 아니?"

내 말에 개와 원숭이, 꿩이 동시에 말했어.

"멍멍! 알아! 운수대통 부잣집!"

"끽끽! 그 집엔 돈 나오는 도깨비 방망이가 있다는 소문도 있어."

"꾸꾸! 그 집 뒤뜰에서 헛간 같은 걸 본 것 같아."

"거기로 가 보자!"

모모타로가 외치자 개와 원숭이, 꿩이 앞서 가기 시작했어.

얼마 가지 않아서 넓은 귤 밭 옆에 있는 어마어마하게 큰 집을 발견했어. 얼마나 큰지, 집이 어디서부터 어디까지인지 모를 정도였어.

우리는 집 뒤쪽을 살펴보기 위해 담쟁이덩굴로 뒤덮인 담장을 한 바퀴 빙 돌아 뒤뜰이 보이는 곳으로 갔어. 담장이 높아서 안이 보이지 않았기 때문에 꿩이 담장 위에 올라가서 뒤뜰을 살폈어.

"별채가 있어! 내가 가서 살펴보고 올게. 꾸꾸!"

잠시 후에 꿩이 돌아왔어.

"문틈으로 다다미가 깔린 방 안이 보였는데, 한 아이가 코타츠 앞에 앉아 있어."

"늘 똑바로 앉아 있는 아이, 좌부동자가 틀림없어."

갓파의 말을 들은 이어 코코가 우리를 둘러보며 말했어.

"자, 모두 손을 잡아, 얼른 안으로 들어가 보자."

담장을 넘을 수 없으니 별채 안으로 공간 이동을 하기로 한 거야.

우리가 손을 잡자마자 코코가 꼬리를 들어 올렸고, 이번에도 눈 깜짝할 사이에 우리는 담장을 넘어 별채 앞에 섰어.

응? 별채 앞? 안으로 들어가려던 거 아니었나?

"이상하네. 안으로 들어가지질 않아."

코코가 난처해하며 발을 동동 굴렀어.

우리는 문틈으로 별채 안을 들여다봤어. 일본 전통 의상을 입고 앉아 있는 좌부동자가 보였어.

"좌부동자 님! 문 좀 열어 주세요!"

코코가 문고리를 잡고 흔들며 좌부동자를 불렀어.

"좌부동자! 문 좀 열어 봐. 나 갓파야!"

"모모타로도 왔어! 우리가 왔다고!"

갓파와 모모타로도 차례로 좌부동자를 애타게 불렀어.

일본의 문화 이야기

다다미와 코타츠

다다미는 일본 집 방바닥에 까는 재료를 말해요. 짚으로 만든 판에 돗자리를 붙여 만들어요. 크기는 지방에 따라 조금씩 다르지만 보통 180cm×90cm인데, 방의 크기를 다다미가 몇 장인지로 나타냈어요.

코타츠는 일본에서 쓰이는 온열 기구로, 나무로 만든 밥상에 이불이나 담요 등을 덮은 것을 말해요. 상 아래에는 화덕이나 난로가 있답니다.

꼭꼭 숨어라, 머리카락 보일라!

좌부동자는 그제야 우리 쪽으로 고개를 돌리더니 말했어.

"돌아가!"

이런! 좌부동자 본인이 나가기를 거부했어!

"우리의 공간 이동을 막은 게 좌부동자 자신이었어!"

"누군가가 가둔 게 아니라, 스스로 갇힌 거였다니!"

코코와 갓파가 심각한 얼굴로 말했어.

"왜 왔는지 모르겠지만, 난 여기서 한 발짝도 나가지 않겠어."

좌부동자의 단호한 한마디를 들은 코코가 안타까운 듯이 물었어.

"좌부동자 님, 왜 그러세요?"

"바깥에는 욕심 많은 사람들만 있어. 정말 싫어!"

"좌부동자 님, 부디 고양이 섬 친구들을 도와주세요! 헬퍼 요괴들만 이 얼음이 되어 버린 제 친구들을 구할 수 있어요!"

코코가 거의 울 것 같은 얼굴로 빌었어.

뭔가 생각난 듯한 얼굴로 갓파가 좌부동자를 설득하기 시작했어.

"좌부동자! 우리 같이 놀던 때를 생각해 봐. 밖에는 재미난 일이 많아. 이렇게 여기 갇혀만 있을 거야? 응?"

하지만 안에선 아무 반응이 없었지.

방법이 없을까? 모두 고민하는 사이에 모모타로가 갑자기 수수경단을 마구 먹어치우기 시작했어. 그러더니 모모타로가 문 앞으로 성큼성큼 다가갔어.

"어쩌시려고요, 모모타로 님?"

사고의 말이 끝나기도 전에 모모타로가 문을 잡더니 기합 소리와 함께 문을 통째로 들어 올렸어.

"으차!"

문이 열렸…… 아니, 떨어져 나갔어! 모모타로가 저렇게 힘이 세다니!

"우와! 대단해!"

"모모타로, 힘센 건 여전하구나."

좌부동자의 얼굴에는 반가운 마음과 난처한 마음이 모두 비쳤어.

"좌부동자, 누가 오기 전에 여기서 나가자! 응?"

갓파가 다시 부탁을 해도 좌부동자는 여전히 꿈쩍도 하지 않고 고개만 절레절레 흔들 뿐이었어.

사고가 코코에게만 들리는 작은 목소리로 말했어.

"코코! 좌부동자를 억지로 데려가면 안 돼?"

"맞아. 힘센 모모타로 님이라면 식은 죽 먹기겠네."

내 생각도 사고랑 같았어. 하지만 코코가 고개를 저었지.

"안 돼. 좌부동자 님은 집을 지키는 붙박이 정령이라 본인의 의지가 없이는 한 발짝도 움직이게 할 수 없어."

이런, 어쩌지? 다른 방법이 없을까?

"아! 술래잡기!"

갑자기 갓파가 소리쳤어. 그러자 입을 꾹 다문 채 고집스런 얼굴을 하고 있던 좌부동자가 눈을 반짝 빛냈어.

"그래! 기억나? 술래잡기!"

모모타로의 말에 좌부동자가 벌떡 일어났어. 사고와 내가 마주 보며 어리둥절해하고 있으니까 갓파가 우리를 향해 작은 소리로 말했어.

"술래잡기는 좌부동자가 제일 좋아하는 놀이야. 예전에는 하루 종일, 아니 몇 날 며칠을 이어서 하기도 했어."

갓파의 말이 채 끝나기도 전에 좌부동자가 움직이기 시작했어.

"이곳엔 숨을 곳이 많아. 빨리 하자, 술래잡기!"

"누가 술래예요?"

사고가 묻자, 좌부동자는 자신을 가리키며 어깨를 으쓱했어.

"누구긴! 바로 좌부동자 님이시지! 자, 모두 빨리 숨어!"

"좌부동자는 찾기 대장이야. 잘 숨어야 해."

갓파는 좌부동자가 들으라는 듯 일부러 큰 소리로 말하며 우리를 향해 눈을 찡긋했어.

코코와 갓파, 모모타로는 일사불란하게 움직이기 시작했어. 그제야 사고와 나는 눈치챘어. 이 모든 게 좌부동자를 스스로 걸어 나가게 하려는 작전이라는 것. 그러니 숨는 척하고 무조건 집 밖으로 나가야 한다는 걸.

"열 번 외친다! 꼭꼭 숨어라, 머리카락 보일라! 한 번!"

좌부동자가 벽을 바라보고 서서 눈을 질끈 감더니 신이 난 목소리로 외치기 시작했어.

"꼭꼭 숨어라, 머리카락 보일라! 두 번!"

세 번, 그리고 또 한 번 더……. 좌부동자가 열 번을 외치기 전에 우리는 모두 뒷문을 활짝 열어 놓은 채 집 밖으로 나갔고, 좌부동자가 나오기를 기다렸어.

그래서 성공했냐고?

물론이지. 술래가 된 좌부동자는 우리를 찾아내려고 한참을 신이 나서 돌아다니다가 마침내 집 밖으로 걸어 나왔고, 담장 뒤에서 몸을 숨기고 있던 모모타로가 좌부동자를 가볍게 들쳐 업고 그 집을 벗어났어.

버둥거리는 좌부동자를 억지로 데려간 건 조금 미안했지만, 좌부동

자도 잠깐의 술래잡기 놀이로 옛 추억이 다시 떠올랐는지 오랜만에 만난 친구들과 반갑게 인사를 나눴어.

어쨌든 이렇게 해서 드디어 헬퍼 요괴 삼총사가 모두 모인 거야! 정말 잘됐지?

6장

합체!
헬퍼 요괴 삼총사

후지산, 그리고 지진 소동

우리는 좌부동자를 어르고 달래서 결국 함께 고양이 섬으로 가기로 했어. 일단 고양이 섬 문제만 해결하면 좌부동자가 좋아하는 술래잡기 놀이를 실컷 하기로 약속했기에 가능한 일이었지. 그렇게 우리는 바로 공간 이동을 했어.

"응? 여기가 고양이 섬이라고?"

갓파가 고개를 갸웃거리며 물었지만, 코코는 대답 없이 계속 두리번거리고만 있었어.

"이상하다. 하나도 안 추운데 산에 눈이 쌓였네?"

내가 산봉우리를 가리키자 모모타로가 뭔가 생각난 듯 말했어.

"어! 여긴 혼슈 섬에 있는 후지산이네! 후지산 산봉우리에는 거의 일 년 내내 눈이 쌓여 있어."

사고가 산봉우리를 올려다보더니 감탄한 듯 소리쳤어.

"우와! 근사하다!"

그때, 당황한 코코가 어쩔 줄 몰라 하며 울 것 같은 표정으로 말했어.

"이런! 어쩌지? 정말 후지산으로 와 버렸네!"

그러자 좌부동자가 아이처럼 떼를 쓰기 시작했어.

"나 여기 싫어, 무서워. 얼마 전에 화산이 폭발했다고!"

"으윽!"

사고의 얼굴이 산봉우리의 눈처럼 하얀색이 돼 버렸어.

"괜찮아. 그 얼마 전이라는 게 300년도 넘은 일이니까."

갓파의 말에 사고가 한숨을 내쉬고는, 후지산에서 눈을 떼지 않은 채로 코코에게 물었어.

"휴, 그나저나 코코! 우리를 왜 여기로 데려온 거야?"

그런데 한참이 지나도 코코의 대답은 들려오지 않았어. 하지만 나도

일본의 자연 이야기

일본의 자연재해 - 화산

일본은 '불의 고리' 지역에 속해 있어서 화산, 지진, 해일, 태풍 등 자연재해가 끊임없이 일어나는 나라예요. 전 세계 화산의 10%에 해당하는 200개가 넘는 화산이 일본에 있죠. 화산 활동을 계속하고 있는 활화산도 40개나 되는데, 이 중 규슈의 아소산은 2021년에 폭발을 일으키기도 했어요.

태평양을 띠 모양으로 둘러싸며 둥글게 분포하는 지역으로, 지진과 화산 폭발이 자주 발생해서 '불의 고리'라고 해요.

사고처럼 후지산만 보고 있느라 코코에게 무슨 일이 생겼는지 몰랐어. 내가 코코를 돌아보며 이렇게 물을 때였어.

"코코! 고양이 섬은 어디…… 앗!"

코코가 바닥에 쓰러져 있는 거야!

"코코! 코코!"

모두 놀라서 허둥대며 코코를 불렀고, 사고는 발을 동동 굴렀어.

"코코! 으아아! 어떡해!"

잠시 후에 코코가 눈을 조금 뜨고 살짝 웃어 보였어.

"걱정 마세요. 전 괜찮아요. 기운이 좀 없어서……."

코코가 지칠 만도 해. 설녀의 공격을 겨우 피한 후에 우리를 찾으러 온 데다가, 사고와 나를 만난 후에도 쉬지 않고 시공간을 넘나들며 헬퍼 요괴들을 찾아다녔잖아. 작은 몸으로 버텨 내긴 그간의 여정이 힘겨웠을 거야.

"코코 몸 상태가 안 좋아서 우리가 엉뚱한 곳으로 오게 된 거구나."

갓파가 고개를 끄덕이며 생각에 잠겼어. 장난꾸러기 갓파가 이럴 때는 참 의젓해 보인단 말이야.

"고양이 섬은 이곳에서 그리 멀지 않은 곳에 있어."

"코코가 기운을 차릴 방법을 찾아보자."

모모타로가 묵묵히 코코를 들어 올리더니 두 팔을 받쳐 안았어. 그러고는 씩씩하게 앞서 걸었는데, 그때마다 쿵쾅! 쿵쾅! 땅이 울리는 소리가 났어.

"같이 가!"

모모타로를 따라 걷던 우리는 작은 동네가 보이는 길 앞에 멈춰 섰어. 잠이 든 코코를 풀밭에 눕히고 우리는 길가에 앉아 쉬기로 했지.

코코의 고른 숨소리를 들으며 사고와 나는 풀밭에 등을 대고 눕고, 헬퍼 요괴 삼총사는 옛이야기를 나누기 시작했어. 모모타로가 소중히 들고 있던 수수경단을 나눠 먹으면서 말이야. 그런데 그게 문제였어.

"으하하하하! 생각난다, 생각나!"

먹을수록 힘이 난다는 수수경단을 모모타로가 너무 많이 먹었나 봐. 모모타로는 목소리도 점점 커지고, 동작도 많아졌어.

코코가 깨지 않을까 걱정될 정도였는데, 다행히 코코는 아주 깊은 잠을 자는 듯했어.

"갓파, 넌 아직도 씨름 좋아해?"

모모타로가 묻자, 갓파가 신이 나서 펄쩍 뛰었어.

"카카카캇! 물론! 오랜만에 대결 한 판?"

"어! 여기선 안 돼. 코코 깨잖아."

사고가 코코를 가리키며 고개를 젓자 갓파가 어깨를 한 번 으쓱하더니 모모타로와 좌부동자를 데리고 우리에게서 멀어졌어.

"친구들아! 그럼 저쪽으로 가자."

멀리 떨어진 빈터로 간 장난꾸러기 요괴들이 씨름을 시작하자 사고와 나도 풀밭에 벌렁 드러누웠어. 그런데 어찌나 요란하게 노는지 땅이 울리는 느낌이 등으로 전해질 정도였어.

그때, 갑자기 웅성거리는 소리가 들리기 시작했어.

"진동이 멈췄어요. 모두 빨리 빈터로 대피하세요!"

사고와 내가 몸을 일으키고 앉아 어리둥절해 있는데, 아이들이 어떤 건물 밖으로 뛰쳐나오는 거야.

"어! 뭐지?"

"무슨 일이 생긴 거야, 오빠?"

아이들 틈에 섞인 요괴들도 구석에 쪼그리고 앉는 게 보였어.

"어! 뭐지?"

일본의 자연 이야기

일본의 자연재해 - 지진

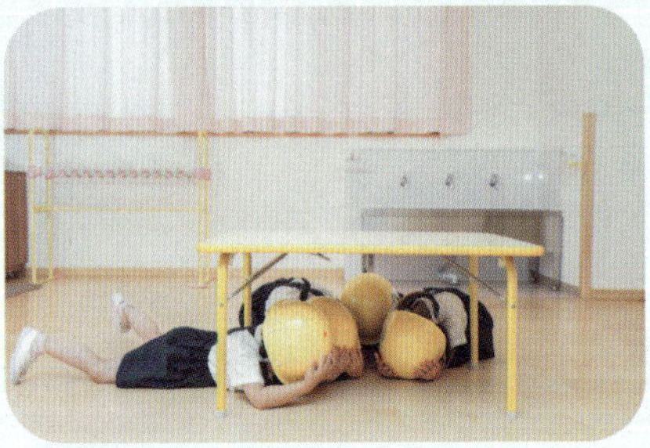

일본에서는 오랜 세월 자연재해를 겪고 있기 때문에 지진 대비 훈련도 잘 되어 있어요. 주민 스스로 비상용품을 준비하는 것은 물론, 대피 훈련에도 적극적으로 참여해요. 지진이 일어나면 시민들은 복구와 관련된 활동 등 다양한 자원봉사와 긴밀한 연락망을 만들기도 해요.

2011년 3월 동일본 지진이 발생했을 때, 바닷물이 육지로 넘쳐오는 해일 때문에 일본 전체에 많은 희생자가 발생했어요. 그런데 이와테 현 바다 가까이 있는 한 중학교에서는 학생들이 평소 훈련받은 대로 근처 초등학생들과 손을 잡고 재빠르게 대피해서 많은 생명을 구하기도 했답니다.

"무슨 일이 생긴 거야, 오빠?"

요괴들도 소동에 놀라 당황하고 있는 게 보였어. 그런데 아이들이 우리를 향해 손짓을 하며 소리치는 거야.

"방금 땅이 흔들렸어요. 지진이에요!"

"빨리 이쪽으로!"

"지진?"

사고와 나는 동시에 얼굴을 마주 봤어.

"이상하네. 땅이 흔들렸다고?"

"아! 요괴들이 노느라 쿵쿵댔잖아!"

사고의 말을 들은 나는 무슨 일이 일어난 건지 그제야 깨달았어.

"이런! 내가 너무 뛰어서 땅이 울린 걸 지진으로 착각했나 봐! 왠지 좀 미안하네."

모모타로가 뒷머리를 긁적이며 말했어.

"후후! 작은 소동이 있었구나?"

코코가 언제 깼는지, 눈을 비비며 말했어.

"어! 코코, 이제 좀 괜찮아?"

내가 묻자 코코가 고개를 끄덕였어.

"응. 덕분에 많이 좋아졌어."

시간이 흘러도 아무 일이 일어나지 않자, 아이들은 모두 다시 건물

안으로 들어가 버리고 요괴 삼총사도 우리 쪽으로 돌아오며 머쓱한 표정을 지었어.

"일본에서는 흔히 볼 수 있는 일이야. 일본은 지진이 자주 일어나서 아이들은 유치원 시절부터 지진 발생에 대비하는 훈련을 받거든."

코코의 말에 갓파가 맞장구를 쳤어.

"맞아. 회사나 국가 기관도 정해진 규칙에 따라 대피 훈련을 철저하게 하지."

"아하!"

"그럼 지진이 일어나면 무조건 밖으로 피해?"

사고가 묻자 언제 겁먹었냐는 듯이 짐짓 점잖은 체하며 좌부동자가 설명을 덧붙였어.

"아니. 실내에서는 우선 머리를 감싸고 몸을 보호할 수 있게 책상 같은 곳 밑에 피해 있어야 해. 그러다 진동이 멈추면 밖으로 나가 대피소로 가거나 건물과 멀리 떨어진 안전한 곳으로 대피해야 해."

"아, 그렇구나."

"자, 여러분! 이제 출발해요!"

기운을 차린 코코가 진지한 표정으로 말했어.

"그래, 드디어 우리 삼총사가 활약할 때야!"

모모타로가 씩씩한 목소리로 외치자 우리는 너도나도 주먹을 불끈

쥐며 소리쳤어.

“코코의 친구들을 구하러 출발!”

우리는 천천히 서로의 얼굴을 보며 손을 맞잡았어. 잠시 후, 코코가 꼬리를 들어 올렸어.

일본 한눈에 알아보기

일본의 음식 문화

일본의 쌀 중심 음식 문화는 2000년 전 아시아로부터 쌀 재배 방법이 도입되면서 발전하기 시작했어요. 제철 채소와 생선 그리고 여러 해산물과 함께 먹은 쌀 문화의 전통은 에도 시대(1603-1867)에 상당히 다양하게 발전하였으며 전통적으로 화려한 일본 요리법의 핵심을 완성시켰답니다. 다양하고 신선한 식품 재료의 특색을 살리고 또, 아름다운 자연과 사계절의 변화를 표현하는 섬세한 일본 요리는, 연중 행사 등과 밀접하게 관련되면서 일본인의 식생활 문화를 풍부하게 만들었어요.

일본의 가정 요리

전형적인 일본 가정 요리는 밥, 된장국,메인 요리(생선 혹은 고기), 그 외 몇 가지 반찬과 채소 졸임 등으로 이루어져요.

스시

세계의 음식 문화에 가장 많이 기여한 일본 음식인 스시는 일반적으로 손님들이 카운터에 앉아 요리사에게 하나씩 주문해서 먹는 스시 음식점에서 판매해요. 식초로 양념한 밥 한줌 분량에 회, 조개 및 그 밖의 재료들을 올려요. 약간의 와사비(일본식 고추냉이)를 밥과 재료 사이에 넣지요.

오세치

오세치는 일본에서 명절 때 먹는 요리예요. 주로 우엉, 연근, 당근, 토란 등을 조려서 도시락 같은 통에 담아 놓아요. 이 음식은 화려하지만 찬 음식이에요. 불의 신 코우진을 화나지 않게 하려면 정월 초사흘 동안 부엌에서 불을 쓰면 안 된다는 헤이안 시대의 풍습을 따른 것이지요. 보통 3단 혹은 5단 찬합에 도시락처럼 담아서 내는 요리예요. 5미 5색이 말하듯 단만, 신맛, 매운맛, 쓴맛, 짠맛이 다 들어가고 녹, 적, 흑, 황, 백의 다섯 색이 드러나서 매우 화려해요.

라멘

라멘은 중국의 수타 탕면인 라멘이 일본에서 현지화되어 만들어진 일본식 중화 요리예요. 일반적으로 중국식 면 요리를 국물, 구운 돼지고기 및 다양한 채소(콩나물, 부추 등)와 함께 큰 그릇에 담아 내지요.

7장

다시 찾은 평화

설녀 요괴에 맞서다

드디어 고양이 섬에 도착했어!

하지만…… 우리는 모두 서로 얼굴을 쳐다보지도 못하고, 말 한마디 꺼내지 못했어.

작은 섬 곳곳에는 얼음에 갇힌 요괴들, 그리고 코코의 친구들이 있었어. 얼음 속 표정들은 하나같이 놀란 듯 보였지.

내 옆에 선 사고가 코코를 걱정스러운 얼굴로 쳐다봤어. 나도 친구들 때문에 마음 아파하는 코코가 걱정이 됐어.

"헬퍼 요괴님들! 빨리 부탁드려요."

코코가 헬퍼 요괴 삼총사를 바라봤어. 간절한 눈빛이었어. 바로 그때, 어디선가 찬바람이 몰아쳤어.

앗! 설녀 요괴!

사고와 나는 놀라 입을 떡 벌렸고, 헬퍼 요괴들도 동작을 멈추고 설녀 요괴를 바라봤어.

"오빠! 만화 책 속 그, 그 설녀 요괴야!"

"그래. 나도 보고 있어."

커다란 키에 차가운 기운을 내뿜는 설녀 요괴가 우리 눈앞에 떠 있었어. 집 앞에 놓여 있던 만화책에서 본 바로 그 모습 그대로였지.

"내 허. 락. 없. 이 뭘. 한. 다. 고?"

온통 찬 기운을 내뿜는 설녀 요괴는 말할 때 뿜어져 나오는 입김마저 소름끼치게 차가웠어.

"설녀 요괴님! 저희는 이 고양이들을 구하러 왔습니다."

갓파가 나섰어.

"고양이? 아, 여기 살던 고양이들도 같이 얼어 버렸군. 오호호홋!"

세상에! 아무 죄 없는 고양이들을 저렇게 만들어 놓고 웃고 있어! 나는 갑자기 너무 화가 나서 마구 소리를 질러 댔어.

"너무해요! 말썽을 일으킨 건 다른 요괴들인데 아무 상관없는 고양이들까지 얼려 버리다니!"

설녀 요괴가 차가운 눈빛으로 사고와 나를 쳐다봤어.

"흥! 너희 꼬맹이들은 잘 모르나 본데, 난 얼리기만 해. 게다가 내가 내린 저주를 내 손으로 풀 생각도 없다고!"

"그래서 우리가 구하러 온 거예요!"

모모타로가 외쳤어.

"친구들아! 빨리 시작하자!"

좌부동자의 말에 설녀 요괴가 다시 찬 입김을 내뿜으며 소리쳤어.

"뭐? 그렇게는 안 되지!"

이제 설녀 요괴와 치열한 싸움이 벌어지지 않을까 잔뜩 긴장을 하고 있을 때, 코코가 울먹이면서 설녀 요괴를 바라봤어.

"부탁이에요. 제 친구들을 구할 수 있게 해 주세요."

코코를 잠시 가만히 내려다보던 설녀 요괴가 묘한 미소를 지었어.

"흥! 좋아. 그렇게 간절하다면 내 얼음 바람을 버텨 보시지!"

그러자 코코와 요괴들이 놀란 듯 움찔거렸어.

"얼지는 않겠지만 고통스러울 정도로 차가울 텐데, 어때? 만일 누구든 버텨 낸다면 너희가 뭘 하든 상관하지 않겠어. 자, 누가 해 볼래?"

"저요!"

"제가요!"

"아니, 제가 할게요."

우리 모두 거의 동시에 설녀 요괴 앞으로 다가갔어.

잠깐 당황한 듯 보이던 설녀 요괴는 곧 비웃는 표정으로 말했어.

"흥! 용기와 우정이 대단들 하군. 뭐, 곧 후회하게 될 테지만."

그러고는 우리 모두에게 입김을 불어 차가운 바람을 마구 쏟아 내기 시작했어.

'피이이이우우!'

무서운 바람소리와 함께 소름끼치게 차가운 기운이 몰아쳤어.

바람뿐일 때는 참을 만했지만, 설녀가 춤을 추듯 옷깃을 펄럭이자 우박 같은 얼음 알갱이까지 섞여 날아들어 고통이 몇 배 더해졌어.

'드드드 크르르르!'

우리는 모두 입을 꾹 다문 채 어느 누구도 소리치지 않고 묵묵히 온몸으로 버텨 냈어.

눈을 뜰 수 없어 보이진 않았지만 옆에 있는 사고도 잘 참아 내는 것 같았어. 기특한 내 동생. 집에 돌아가면 이제 다신 놀리지 말아야지.

"뭐야? 어떻게 참는 거지?"

설녀 요괴가 아까보다 더 당황하는 게 느껴졌어.

"부탁……이에요! 제……발! 친구들……을 구하게 해…… 주세요!"

코코의 간절한 외침이 끝날 때쯤, 드디어 얼음 섞인 찬바람도 순식간에 멈췄어.

눈을 뜨자, 설녀 요괴가 우리를 보며 알 수 없는 표정을 짓고 있었어. 그러고는 아무 말 없이 몸을 돌리더니 얄미울 정도로 우아하게 멀어져 갔어.

"하아."

코코가 바닥에 쓰러졌고, 그 모습을 보자 나도 모르게 눈물이 났어.

"코코!"

"모두 감사해요. 힘드셨죠?"

"우린 괜찮아."

우리는 모두 코코에게 미소를 지어 보였어.

"친구들! 서두르자."

갓파의 말에 모모타로가, 이어서 좌부동자가 고개를 끄덕였어. 그러더니 헬퍼 요괴 삼총사는 서로의 머리를 맞대고 손을 맞잡았어.

사고와 나도 서로를 마주 보았어. 사고가 따뜻한 미소를 지었어. 그 미소에 마음이 따뜻해지는 느낌이 들었어. 아니, 몸이 정말 따뜻해지고 있었어.

가만 보니, 정말 놀라운 일이 벌어지고 있었어!

처음엔 손을 맞잡은 헬퍼 요괴 삼총사의 몸이 조금씩 밝아지기 시작했어. 그러더니 신기하게도 삼총사의 온몸이 무지갯빛으로 변해 갔어. 너무 멋진 광경에 사고랑 나는 세 요괴들에게서 눈을 떼지 못했어.

이럴 수가!

처음에는 손끝에서부터 가슴으로, 온몸까지 따뜻해지는 느낌은 어떻게 표현할 수 없을 정도로 신기했어.

은은하게 퍼지는 온기로 인해서 꽃과 풀들이, 나무들이 싱싱하게 되살아났고, 얼음 속에 갇혔던 고양이들과 요괴들이 하나둘 깨어났지.

"와! 멋져, 멋져!"

"정말 다행이다!"

사고와 나도 손뼉을 치며 기뻐했고, 코코도 일어나 친구들을 얼싸안고 감격스러워했어.

헬퍼 요괴들의 힘은 바로 따뜻함이었어. 그게 모두를 구해 낸 거야!

"사고야, 이제 우린 돌아가야지."

"응. 오빠! 그래야겠지?"

우리는 헬퍼 요괴들과 코코, 고양이들과 한참 동안 인사를 나눴어.

"고마워. 사고와 뭉치가 아니었으면 친구들을 구할 수 없었을 거야."

코코의 눈에 눈물이 그렁그렁했어.

"정말 고맙다! 꼬맹이들!"

모모타로가 커다란 손으로 우리 머리를 쓰다듬었어.

"조심해서 가. 너희와 함께 한 재미있는 추억은 잊지 못할 거야."

갓파도 물기 어린 목소리로 말했어.

"늘 행운이 함께하길!"

좌부동자가 사고와 나를 따뜻하게 안아 줬어.

"자, 난 여기 남아야 하니 이번엔 너희 둘만 손을 잡아."

코코의 말에 내가 고개를 끄덕였어. 헤어지는 게 아쉬웠지만 우리가 있을 곳은 따로 있으니까.

"친구들, 모두 안녕!"

사고의 손을 잡은 나는 코코가 꼬리를 들어 올리는 걸 보며 가만히 눈을 감았어.

드디어 집으로 가는구나!

에필로그

영원한 친구 코코

"사고야! 뭉치야!"

"사고뭉치들!"

응? 이건?

"엄마다!"

"아빠 목소리야!"

사고와 나는 어느새 집으로 돌아와 있었어. 일본 여행을 떠나셨던 부모님이 돌아오시기 바로 전에 말이야.

"오빠! 벌써 일주일이 지났나 봐!"

사고가 나만 들을 수 있는 작은 소리로 말했어.

"그러네. 우리가 요괴 세상에 일주일 동안이나 있었다니."

사고와 내가 어리둥절해 있는 것도 모르고 부모님은 짐을 정리하시면서 일본 여행 이야기를 끊임없이 들려주셨어. 그중에는 신기하게도 우리가 보았던 마츠리와 후지산 이야기도 있었어. 반가운 마음에 입이

근질거렸지만 말할 수는 없었지.

"참, 이거 선물!"

엄마가 여행 가방에서 작은 꾸러미를 꺼내며 말씀하셨어.

"와! 뭐예요, 엄마?"

사고가 기쁜 듯 눈을 반짝이며 선물 꾸러미를 풀기 시작했어.

"응. 일본에서 유명한 마네키네코라는 행운 인형이야. 눈빛이 어찌나 예쁜지, 사지 않을 수 없었단다."

꾸러미를 풀던 사고의 손이 갑자기 딱 멈췄어. 그건 엄마 말대로 고양이 인형이었어. 손을 흔드는 빨간 눈의…… 어, 이건!

"코코잖아!"

사고와 내가 서로 마주보며 놀라는 모습을 보며 아빠가 웃으셨어.

"그렇게 맘에 드니? 어, 고양이 꼬리가 두 개였네?"

"그래요? 살 땐 몰랐는데 신기하네! 그나저나 우리 사고 뭉치, 말썽 안 부리고 잘 있었네. 집이 우리 갈 때 그대로야."

"허허, 그것 봐요. 이제 애들도 다 컸다니까."

옆에서 왔다 갔다 하시는 엄마 아빠의 목소리가 아득하게 들렸어.

이건 틀림없이 코코야! 조금 전까지 영영 헤어지는 줄 알았던 친구가 우리 곁으로 오다니!

일본의 문화유산 이야기

마네키네코

일본에서는 도자기로 만든 고양이 인형인 '마네키네코'를 가게마다 장식해요. 손님을 불러 모아 재물을 가져다준다고 믿기 때문이죠. 큰 눈을 가진 귀여운 마네키네코는 앞발을 들어 누군가를 부르는 듯한 모습인데, 이것은 '고양이가 얼굴을 씻으면 손님이 온다'는 일본의 속설에서 유래된 동작이라고 해요.

"오빠, 이제 코코는 영원히 우리의 친구가 됐어."

사고가 코코 인형을 쓰다듬으며 말했어. 나는 사고와 코코를 번갈아 보며 미소 지었어.

"우리의 영원한 친구, 코코! 환영해!"

내 말에 답하듯 코코의 눈에 빛이 반짝! 하고 나타났다가 사라졌어.

일본의 유네스코 세계 유산

일본은 다양한 자연미와 독자적인 문화를 오래전부터 형성해 온 역사를 가지고 있어요. 이것이 맞물려 형성된 각종 건축물과 경관은 세계적으로도 큰 자산이지요. 2019년 현재 일본 전국 25곳이 세계유산으로 등록되어 있답니다.

후지산

후지산은 일본 최고봉으로 시즈오카 현과 야마나시 현의 경계에 위치하고 있어요. 정상이 눈으로 덮인 후지산 모습은 일본을 대표하는 풍경이며 세계적으로도 알려져 있지요. 후지산은 에도 시대 1708년부터 화산 폭발을 일으키지 않고 있지만 활화산이에요. 후지산은 오랜 세월 동안 순례의 대상이며 예술가나 시인에게 영감을 주어 왔어요. 11세기부터는 여러 예술 작품이 그려져 왔는데, 가장 유명한 것은 19세기 가쓰시카 호쿠사이 등의 예술인들이 만든 목판화랍니다.

히메지 성

효고 현의 히메지시에 위치한 히메지 성은 그 성의 높고 하얀 모습 때문에 '시라사기'(흰 백로) 성이라고도 알려져 있어요. 이 성은 14세기 중반에 처음으로 건설되었지만, 현존하는 83개의 전각 중 대부분은 1601년에서 1609년 사이에 지어졌어요. 현존하는 일본의 성 중 일본 성 구조의 가장 좋은 표본인 히메지 성은 아름 다우면서도 강력한 요새랍니다. 침입자들은 외부 성벽을 통과해도 쉽게 공격할 수 없는 통로로 된 미로와 싸워야만 4개의 연결된 내성으로 들어갈 수 있거든요.
히메지 성은 시대극이나 영화 등의 현지 촬영지로 유명하답니다.

시레토코

시레토코 반도는 일본의 가장 북쪽에 있는 섬인 홋카이도의 북동쪽 끝에 있어요. 빽빽한 침엽수림과 넓은 화산 지대로 덮여 있는 이 지역은 일본에서 가장 개발이 되지 않았으며 가장 멀리 떨어진 지역이지요. 육상과 바다 생태계의 상호작용의 훌륭한 예인 시레토코는 멸종 위기에 처해 있는 식물과 동물들의 중요한 서식지랍니다.

OX 퀴즈

지금까지 일본 문화 탐험을 마음껏 즐겼나요? 일본에 대해 설명하고 있는 친구들의 이야기를 잘 듣고, 맞는 내용에는 O, 잘못된 내용에는 X로 표시해 보세요.

일본의 전통 종교는 '신도'라고 해서
자연물이나 역사적 인물 등 온갖 것을
신으로 모신다고 해.

O X

기모노는 일본 전통 의상이야.
몸에 딱 맞게 재단을 해서 입는 옷으로
유명하지.

O X

일본에서 가장 높은 산은 후지산이야.
지금은 화산 폭발이 일어나고 있지 않지만,
완전히 멈춘 건 아니라고 해.

O X

정답: 뭉치 - X 사고 - O 코코 - X 모모타로 - O 좌부동자 - X 설녀 - O

와글와글 토론

일본은 왜 독도를 자기들 땅이라고 주장할까?

독도는 우리나라 동해에 있는 섬으로, 분명히 우리 땅이에요. 그런데 일본은 시마네 현에 속하는 일본 영토라고 주장하지요. 이렇게 일본이 자기들 땅이라고 주장하는 이유는 무엇일까요?

토론 참가자 뭉치 사고

1948년 8월 15일 대한민국 정부가 수립되면서 독도는 울릉군에 포함되는 우리 영토로 정해졌어. 그리고 1952년 독도를 평화선 안에 포함시켜 보호하도록 하는 대통령 선언을 발표하지.

일본 정부는 이때부터 강력히 항의하기 시작해. 대한민국의 영유권을 부정하는 외교 문서를 우리나라에 보내면서 독도는 국제 사회에서 분쟁 지역으로 보이기 시작했어.

우리나라는 1948년부터 독도에 대한 실효적인 지배를 지속하고 있어. 그러니 당연히 우리 땅인 거야.

일본의 외교 활동에 우리나라는 왜 보다 더 적극적으로 대응하지 않는 걸까? 우리도 일본처럼 이 문제를 세계에 더욱 더 많이 알리고 홍보하면 좋은 것 아냐?

국제법상 평화적인 지배를 하는 것이 영토권을 주장할 수 있는 가장 확실한 방법이거든. 굳이 분란을 만들어 양국이 영토 분쟁을 하고 있구나, 하는 인식을 심어 줄 필요가 없다는 거야.

이렇게까지 해서 일본이 독도를 자국 영토로 주장하는 이유가 뭘까? 사람들이 살기도 힘든 작은 섬이잖아.

독도 밑에는 여러 가지 수산물 자원뿐만 아니라 가스 하이드레이트 같은 에너지 자원이 있기 때문이야. 독도가 일본 영토로 편입되면 해상 구역이 더 넓어지기 때문에 어떻게든 확보하려는 것도 이유일 거야.

지금 일본이 정치적으로나 경제적으로 좀 복잡하잖아. 영토 문제로 국민들 관심을 돌리고, 독도 편입을 통해 국력이 세다는 걸 보여 주고 싶은 것 같아.

내 생각에는……

교과연계표

[3학년 1학기 사회] 2. 우리가 알아보는 고장 이야기

[4학년 1학기 사회] 1. 지역의 위치와 특성

[6학년 2학기 사회] 4단원. 변화하는 세계 속의 우리
[6학년 2학기 사회] 3단원. 세계 여러 지역의 자연과 문화
[6학년 2학기 사회] 2단원. 이웃 나라의 환경과 생활 모습